DIE REIHE
Bilder aus der DDR

BARTH

EINBLICKE IN DEN ALLTAG

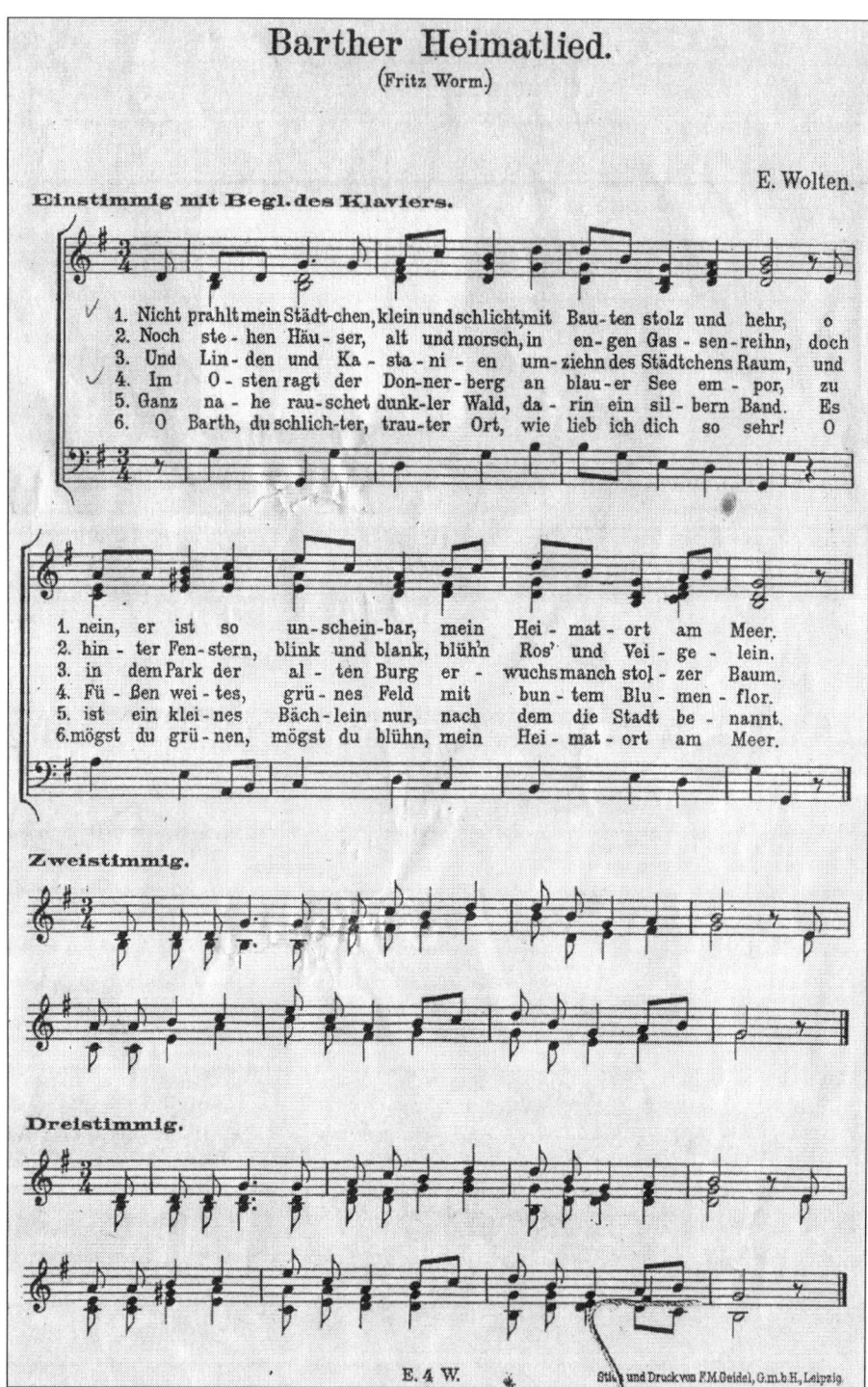

Dieses Heimatlied verfasste der Barther Heimatforscher und -dichter Fritz Worm (11. Juli 1863 - 3. August 1931). Der langjährig in Barth als Lehrer und Chorleiter tätige Emil Wolten (von 1945 bis 1951 Schulleiter der Knabengrundschule, ab 1949 als Diesterweg-Schule) vertonte es.

DIE REIHE
Bilder aus der DDR

BARTH
EINBLICKE IN DEN ALLTAG

Gerd und Erika Garber

SUTTON
VERLAG

Wandbilder in öffentlichen Gebäuden und viele in Privatbesitz befindliche Gemälde hinter-
ließ der Malermeister Max Blumenberg (3. Februar 1886-15. Februar 1969). Das Gemälde
„Barth vom Borgwall gesehen" ist im Besitz der Stadt Barth.

Sutton Verlag GmbH
Hochheimer Straße 59
99094 Erfurt
www.suttonverlag.de
Copyright © Sutton Verlag, 2003

ISBN 978-3-89702-577-6

Druck: Books on Demand GmbH, Norderstedt, Deutschland

Inhaltsverzeichnis

Danksagung

Dieses Buch entstand dank vieler Barther Bürger, die uns ihre Fotos und ihr Wissen zur Verfügung stellten.

Wir danken Karin Alwardt, Siegfried Behm, Peter Bobrow, Anke Brauckmann Anneliese Brümmel, Horst Bürger, Karl- Heinz Casper, Hanne Daug, Ulf Ehmann, Renate Eidam, Annegret Exler, Ursula Ewaldt, Siegfried Fischer, Dirk Gehrke, Traute und Joachim Gehrke, Ulrich Gehrke, Renate Glewa, Jutta von Glowacki, Siegmar Goretzki, Bärbel Grasteit, Marion und Dieter Güldner, Rosemarie Haamann, Erika und Werner Hehl, Esther Hinrich, Regine Hoffmann, Gerd Horst, Meike Ihlau, Heike Koltermann, Heidrun und Walter Kahl, Hans Georg Kossack, Magda Krabbe, Helmut Küttner, Kerstin Löttge, Inge Lübs, Norbert Maxin, Heyko Mews, Christian Meyer, Heinz Möller, Herbert Moritz, Günter Neitzel, Armin Pfeiffer, Hiltraut Prößdorf, Harry Ramien, Gertrud Rechel, Erwin Rust, Hanna Schmidt, Waltraut und Horst Schulz, Karin Schwarz, Ingeburg Sepke, Hans- Dietrich Simon, Volker Stephan, Bernhard Tädcke, Erika Thum, Elke Thurow, Brigitte und Wolfgang Tschirner, Ralf Urth, Peter Weinhardt, Christel Werner, Jürgen Werner, Armin Winter.

Besonders bedanken möchten wir uns auch bei der Stadtarchivarin Steffi Mählmann und bei Armin Thieme, die uns mit Informationen halfen und Fotos aus dem Stadtarchiv zur Verfügung stellten, sowie bei den Mitarbeitern des Sutton Verlages und bei Heike Fett.

Einleitung

Am 2. Mai 1945 marschierten um zehn Uhr Truppen der Roten Armee in Barth ein. Am 1. Juli 1990 tauschten die Barther Bürger die Mark der DDR in die Deutsche Mark um. Dazwischen liegen 45 Jahre – in der Geschichte sind sie nur eine Momentaufnahme, aber sie sind auch mehr als ein halbes Menschenleben. Die Jahre begannen mit einem gesellschaftlichen Umbruch, die Menschen suchten nach einer Neuorientierung. Am 1. Mai 1945 befanden sich in Barth mehr als 35.000 Menschen, davon 23.000 Flüchtlinge. Diese wurden vom 1. Juni bis 8. Juni 1945 zunächst mit dem Schiff oder der Bahn in Richtung ihrer Heimatgebiete zurückgebracht. Infolge des Potsdamer Abkommens kamen einige von ihnen und andere als Umsiedler wieder nach Barth. Am 1. Dezember 1945 hatte der Ort 15.334 Einwohner, davon 4.451 Umsiedler. In den ersten Monaten nach Kriegsende waren die Bewohner beunruhigt von Übergriffen der Besatzungsmacht, Plünderungen und Überfällen. Radiogeräte, Fotoapparate und Fahrräder mussten in Sammelstellen der sowjetischen Kommandantur abgegeben werden. Deshalb gibt es kaum Fotos aus dieser Zeit. Unter Leitung des Trophäenkommandos der Siegermacht wurden die Pommersche Eisengießerei, die Darßbahn und die drei Rüstungsbetriebe Pommersche Industriewerke, Bachmann-Werke und Hallen der Heinkel-Werke demontiert. Die meisten Gebäude des Fliegerhorstes und das Pommersche Industriewerk im Barther Stadtforst wurden gesprengt. Zum Verwaltungsbereich des Barther Bezirksbürgermeisters Karl Lembke gehörten die Stadt Barth und 15 umliegende Gemeinden. Die Barther Stadtverwaltung war um die Normalisierung des Lebens in Barth bemüht. Im Juli 1946 waren in der Pemag 140 Arbeiter mit der Reparatur von Traktoren und landwirtschaftlichen Maschinen beschäftigt. In den Industriewerken auf dem Flugplatzgelände gab es 30 Beschäftigte, in der Seifenfabrik 17, in der Fischkonservenfabrik 68, in der Bootswerft elf. Daneben wurde in der Molkerei, der Lederfabrik, dem Städtischen Schlachthof, dem Städtischen Gas- und Wasserwerk und in zwei Sägewerken gearbeitet. Diese Betriebe unterstanden teilweise der Kommandantur und arbeiteten seit Anfang Mai 1945. Im heutigen Torfmoor wurde am 1. Juli 1946 mit dem Stechen von Torf zum Heizen begonnen. Im gleichen Monat übergab die Kommandantur dem Bürgermeister 1.530 Radiogeräte und 290 Lautsprecher gegen eine Zahlung von 18.200 Reichsmark. Im Juli 1948 wurde aus der Pommerschen Eisengießerei und Maschinenfabrik AG der Volkseigene Betrieb (VEB) Landmaschinenwerk Barth. Der Bildung volkseigener Betriebe folgten weitere Veränderungen in der Landwirtschaft, im Handel und im Mittelstandsgewerbe. Menschen, die durch diese Entwicklung keine Perspektive für sich sahen, verließen Barth und die DDR. Andere lernten, mit dem Mangel zu leben. Nach dem Motto „Not macht erfinderisch", begannen sie sich einzurichten. Eigeninitiative, Ideen und gegenseitige Unterstützung bestimmten den Alltag der Menschen, um sich so einen eigenen, wenn auch bescheidenen Wohlstand zu schaffen. Und sie verloren dabei nie das Interesse an der Entwicklung ihrer Stadt.

So schlug die Lehrerin, Kunstmalerin und spätere Ehrenbürgerin der Stadt Elisabeth Sittig den Stadtverordneten im März 1950 vor, aus den Löschteichen des ehemaligen Fliegerhorstes Schwimmbassins herzurichten und auf diesem Gelände ein Freilandaquarium und ein Freilandterrarium einzurichten. Sie vertraute dabei auf die Mithilfe der Barther Jugend. Das Vorhaben scheiterte an der Machbarkeit und den fehlenden finanziellen Mitteln. Aber 1954 schufen die Jugendlichen in freiwilligen Arbeitsstunden aus einem Feuerlöschteich auf dem Gelände der ehemaligen Flakschule ein Schwimmbecken, das großen Zuspruch fand. Fast 15 Jahre berichtete der Volkskorrespondent Adolf Ross, Mitarbeiter des Rates der Stadt Barth, in der „Ostsee-Zeitung" aus dem Leben der Stadt. So schrieb er am 17. November 1959 über die Herstellung der „1000 kleinen Dinge", dass Drechslermeister Haamann kunstgewerbliche Sachen, der Tischlermeister Lemke Hocker und Klubtische, die Holzindustrie eine ausreichende Menge von Besenstielen, die Bootswerft Abwaschtische für die HO zum Verkauf herstellten. Ende der Fünfziger- / Anfang der Sechzigerjahre gründeten sich mehrere Produktionsgenossenschaften des Handwerks in der Stadt. Mit dem Bau der 30 Hektar großen Gewächshausanlage des VEG Saatzucht-Zierpflanzen Barth, mit der Umprofilierung des Landmaschinenwerkes zum Schiffsanlagenbau entstanden neue Arbeitsplätze. Durch das Neubaugebiet Barth-Süd verbesserten sich die Wohnverhältnisse. Mit gesetzlicher Förderung entstanden von 1972 bis 1983 113 Eigenheime u.a. in der Douzette-, Wald-, Clara-Zetkin-Straße und im Amselweg. Trotz verstärkter Bemühungen in den Achtzigerjahren reichten die Mittel für die Sanierung der Altstadt nicht. 1985 praktizierten in Barth acht Allgemeinmediziner, fünf Fachärzte und acht Zahnärzte. In den Barther Betrieben gab es im Jahre 1988 etwa 4.000 Beschäftigte.

In diesen 45 Jahren wurde auch in Barth geliebt und gestritten, gemeckert und gejubelt. Mit dem vorliegenden Fotoband sollen Erinnerungen an diese Zeit noch einmal aufleben. Die Nachgeborenen sollen zu Fragen angeregt werden. Nicht alle Ereignisse dieser Zeit in der kleinen Stadt am Bodden konnten im Bild vorgestellt werden, so der Friedensstaffellauf der Schulen zwischen Barth und Zingst, die Solibasare, die Zeltlager der Fallschirmspringer auf dem Flugplatz, die Handballländerspiele, die Konzerte von Frank Schöbel und Jürgen Walter in der Sporthalle, das Angebot der ersten Barther Tomaten immer zum Frauentag, die Brigadefeiern, die vielen Auszeichnungen und Ehrungen und anderes mehr.

Den Lesern wünschen die Autoren Freude und Spaß mit diesem Fotoband.

1

Das alte Barth mit anderem Gesicht

Zusammen mit ehemaligen Häftlingen aus dem Konzentrationslager Barth, Kriegsgefangenen des Stalag Luft 1 und Angehörigen der Roten Armee feierten die Barther Bürger den 1. Mai 1985. In der Nacht zum 2. Mai 1945 übergaben Barther Bürger um den späteren Bürgermeister Karl Lembke, im Beisein englischer und amerikanischer Offiziere des Stalag Luft 1, die Stadt an die Rote Armee.

1955 hießen die Barther Bürger, auf dem Foto Erika Hehl mit Sohn Jörg, vor dem „mittelalterlichen Schlagbaum" in der Rudolf-Breitscheid-Straße die Gäste anlässlich der 700-Jahr-Feier willkommen und forderten einen „Wegzoll". Am 17. April 1255 erhielten die Barther Bürger vom Rügenfürsten Jaromar II. das Stadtrecht.

Am 1. Mai 1954 trafen sich Barther Bürger in der Rudolf-Breitscheid-Straße, heute Barthestraße, vor dem Dammtor, um auf dem Marktplatz an der Maikundgebung teilzunehmen.

Typische Giebelhäuser wurden in der Dammstraße durch traufständische Häuser ergänzt, Foto 1955. Erst 1881 erhielt diese Straße ein Trottoir. Den Wunsch nach Gehwegen hatten die Barther Bürger seit 1875 wiederholt ausgesprochen.

Von den vier Stadttoren ist heute nur noch das 1357 erbaute Dammtor erhalten, Modell auf dem Foto von 1955 zur 700-Jahr-Feier. Dieses umschloss mit dem Langen Tor (1342), dem Fischertor (1362) und dem Wiektor (1442) in der Stadtmauer ehemals die Altstadt mit einer Fläche von 450 x 500 Metern.

Die Ernst-Thälmann-Straße, um 1980. Als älteste Straße wurde die Langestraße 1324 erstmals erwähnt. Ab 1937 „Straße der SA", wurde sie über Teile der Sundischen Straße bis zum Bahnhof erweitert. 1945 wieder Langestraße, ab 1954 Ernst-Thälmann-Straße, erhielt sie nach der Wende den alten Namen zurück.

An der Ecke Ernst-Thälmann-Straße und Markt befindet sich das Haus Markt 5, hier um 1950. Sturmfenster und Haustür sind nicht erhalten. Aber ob „Mester" oder „Meyer", es war und ist ein beliebtes Einkaufsziel.

Das alte Rathaus auf dem Markt, zwischen 1270 und 1320 erbaut, wurde 1871 abgerissen. Zur 700-Jahr-Feier wurde es „auf Händen getragen". Nach Bauarbeiten im Jahre 1998 ist die Grundfläche auf dem Markt wieder sichtbar.

Der 53x70 Meter große Marktplatz liegt im Norden der Stadt, um 1960. Den Brunnen schufen 1958 Max Blumenberg und der VEB Landmaschinenbau Barth. Die St.-Marien-Kirche in typischer Backsteingotik erhielt um 1340 ihren Namen.

In der Ernst-Thälmann-Straße 6 stand um 1976 das Giebelhaus, in dem ab 1977 Hermann Zacharias die Reparaturwerkstatt für Rundfunkgeräte, Plattenspieler und Fernsehgeräte betrieb. Durch den Neubau der Sparkasse wurde das Gebäude abgerissen. Die Nummern sechs, acht und zehn existieren nicht mehr in der Langen Straße.

Das zweite Rathaus wurde am 26. September 1870 in der Langestraße 61, jetzt 16, bezogen. Hier wurde die Aufenthaltsgenehmigung ausgestellt. Nach 1946 Museum und Stadtbibliothek, zeitweise Polizeidienststelle und Ortsleitung der SED gewesen, ist es heute das Vineta-Museum mit Stadt-Information.

14

Christian Wilhelm Anthony ließ das Gebäude, Foto von 1987, in der Langenstraße 30 um 1900 für Druckerei und Verlag Anthonys Erben errichten. Ab 1946 Landesdruckerei GmbH, eröffnete hier am 16. September 1952 die Volksbuchhandlung „Welt im Buch". Seit 1. April 1991 ist die Familie Dannenberger im Besitz der „Bücherstube".

In den Siebzigerjahren hatte die HO in der Ernst-Thälmann-Straße 48 auch einen Ausleihdienst für elektrische Geräte eingerichtet. Für Kühlschränke und -truhen gab es eine Kaufwarteliste.

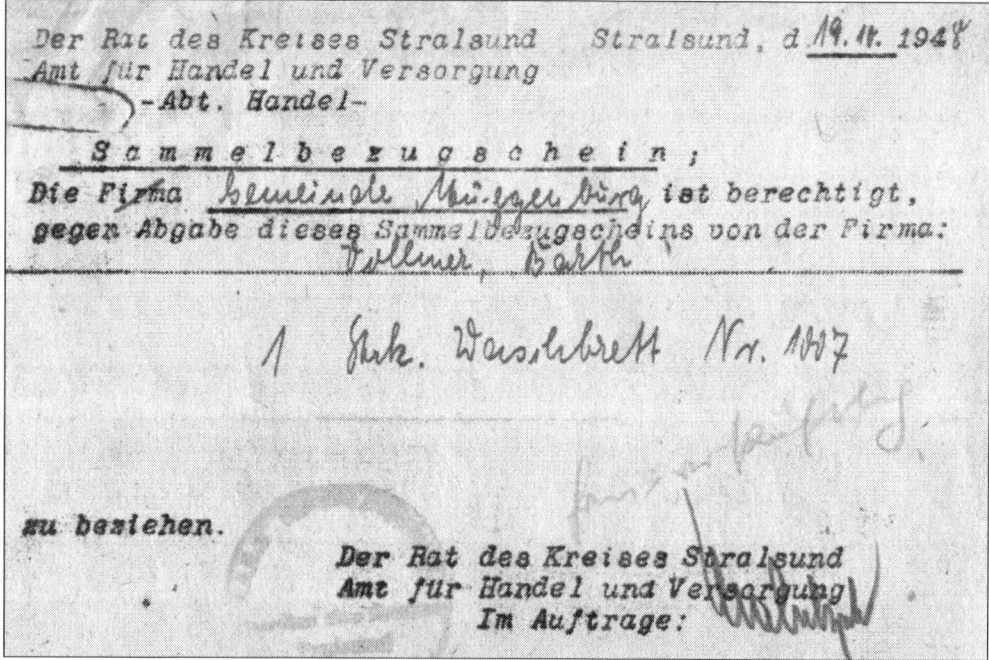

1955 hatte der Uhrmachermeister Herbert Moritz diese Aufnahme vor der HO-Gaststätte „Stadt Barth" in der Ernst-Thälmann-Straße 47 „geschossen".

Der Rat des Kreises Stralsund   Stralsund, d. 19.11. 1948
Amt für Handel und Versorgung
        -Abt. Handel-

    S a m m e l b e z u g s c h e i n :
Die Firma *Gemeinde Müggenburg* ist berechtigt,
gegen Abgabe dieses Sammelbezugscheins von der Firma:
        Vollmer, Barth

        1 Stk. Waschbrett Nr. 1887

zu beziehen.
                Der Rat des Kreises Stralsund
                Amt für Handel und Versorgung
                    Im Auftrage:

In der Hauptgeschäftsstraße Barths, der Langestraße, hatte die Familie Vollmer in Nr. 68 im Jahre 1948 ihr Haushaltsangebot. Hier war der Sammelbezugsschein eingelöst worden.

Ernst-Thälmann-Straße, 1955. Tausende Menschen säumten am 10. Juli 1955 die Straßen, um ab 9 Uhr beim historischen Festzug anlässlich der 700-Jahr-Feier dabei zu sein. Die gesamte Stadt war festlich geschmückt.

Vom Schnee geräumte Ernst-Thälmann-Straße im Winter 1978/79. Zu der Zeit passierten die Stadt- und Schulbusse noch diese Straße.

Im Januar 1982 trieb der Schäfer seine Schafherde durch die Hauptstraße der Stadt zur neuen Futterstelle.

Der Schneesturm im Winter 1978/79 hatte den Verkehr auch per Schiene lahm gelegt. Die Eisenbahnstrecke Barth–Velgast wurde mit schwerer Technik durch Soldaten der NVA (Nationale Volksarmee) und Arbeiter der Barther Betriebe geräumt.

Beim Festumzug im Juli 1955 sah die Chausseestraße am Bahnhof noch recht traditionell aus. Im Hintergrund ist das Scharp'sche Haus in der Chausseestraße 12 zu sehen.

Vom Grünen Weg gab es 1968 diesen Blick in den Erlengrund. In den Siebzigerjahren entstand in dem Gebiet das Wohngebiet Barth-Süd.

Auf der Chaussee in Richtung Löbnitz gab es im Winter 1978/79 kein Durchkommen. Barth war fast drei Tage von der Außenwelt abgeschnitten.

In der Ernst-Thälmann-Straße 57 / Ecke Großträgerstraße hatte der Kürschnermeister Paul-Heinz Kalbreyer sein Geschäft, um 1955. Heute befindet sich dort die Boddenpassage.

Den Speicher in der Badstüber-straße 30, Foto von 1987, ließ Jochen Meincke 1727/28 bauen. Zu DDR-Zeiten als Wohnraum und von der HO als Lager genutzt, hat Gunnar Marquardt ab 1999 die Idee in die Tat umgesetzt, für Kunst und Kultur ein passendes Ambiente zu schaffen.

Das Barther Stadtbild wurde auch durch wunderschöne klassizistische Haustüren geprägt, viele sind nicht mehr erhalten. Die Haustür in der Badstüberstraße 32, Foto um 1971, ging nach dem Abriss des Hauses verloren.

Der Ebersbacher Speicher in der Badstüberstraße gehörte zur Drogerie Ebersbach, Ernst-Thälmann-Straße 19, um 1972.

Das Foto um 1960 zeigt die Warmbadeanstalt in der Hunnenstraße, die die Barther Bürger rege nutzten. Bereits 1544 wurden in der Badstüberstraße zwei Buden als öffentliche Badestuben neu erbaut.

Die historischen Häuser am Markt Nr. 3 und Nr. 4 brannten am 25. Mai 1975. Im Haus Markt Nr. 4 befand sich 1955 ein HO-Geschäft für Kraftfahrzeugzubehör.

Blick vom Borgwall, 1950. Wegen großer Not und Arbeitslosigkeit beschloss der Rat im Winter 1855/56, als Arbeitsbeschaffungsmaßnahme einen Teil des Katharinensees trocken-zulegen. Der Borgwall ist auch heute noch ein beliebter Freizeitort.

In der Nacht zum 4. Januar 1954 erreichte eine Sturmflut Barth. Die eisige Kälte verwandelte die Wiesen westlich der Barthe in eine riesige Eisfläche.

1953 verkaufte Margarete Kurzweil, die Tochter von Carl Holzerland junior, die Werft. Im gleichen Jahr entstand die abgebildete VEB Bootsbau- und Reparaturwerft. 1960 wurden Holzkutter zwischen zwölf und vierzehn Metern gefertigt.

Zwischen der Bootsbau- und Reparaturwerft und dem Borgwall war es wie hier um 1962 zum Manövrieren nicht immer einfach.

Am 1. Mai 1950 führte der Maiumzug auch am Hafen und an der Fischfabrik vorbei. 1894/95 als „Schloss am Meer" erbaut, ist die Villa heute nicht mehr sehenswert.

Im Juli 1952 wurde für Zingst, Prerow und Barth eine FPG (Fischereiproduktionsgenossenschaft) gegründet. Die 1926 gegründete Fischwirtschaftsgenossenschaft wurde am 1. Januar 1960 in FPG „Barther Bodden" umgewandelt. Beim Festumzug 1955 waren die Fischer dabei.

In der Gaststätte „Zur Burg" fand 1951 die erste Kreistagssitzung von Stralsund-Land statt. Mit dabei: Georg Ewald (1. Reihe, 2.v.r.), später DDR-Minister für Land- und Forstwirtschaft, und die Barther Bürger Carl Worm (1.v.l.) und Hans Moritz (1.v.r.).

Am Platz der Freiheit Nr. 4 befand sich seit 1952 in diesem Gebäude die Verwaltung des HO-Kreisbetriebes Ribnitz-Damgarten, Foto von 1960. 1997 wurde das Gebäude abgerissen.

Der Trebin führt vom Platz der Freiheit am inzwischen abgerissenen Schützenhaus und an den Gebäuden der ehemaligen Zuckerfabrik vorbei in Richtung Jugendherberge und Glöwitz, 1965.

Das Foto um 1950 zeigt den Gedenkstein für gefallene Soldaten des Ersten Weltkrieges „Zur Ehre unserer Kameraden des Schützenvereins". Der Gedenkstein wurde abgetragen.

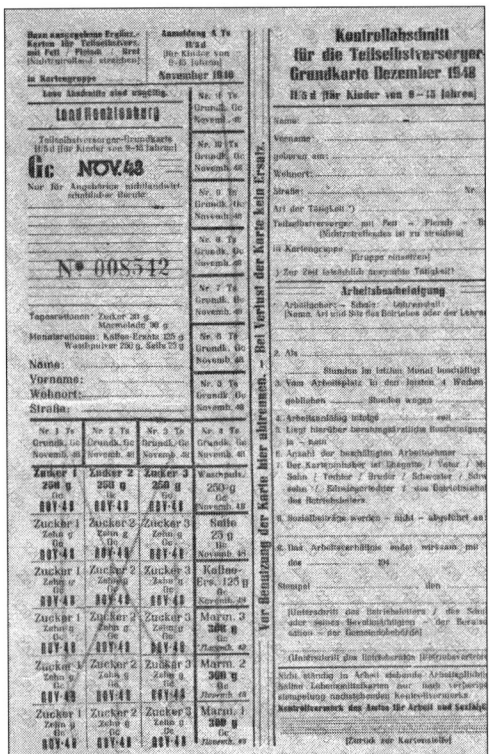

Bis zum 28. Mai 1958 gab es in der DDR
Lebensmittelkarten. Dieser Kontrollabschnitt
für Kinder von neun bis 15 Jahren wurde im
Rathaus am Teergang 2 ausgegeben.

Seit dem 2. März 1946 befindet sich in diesem Gebäude das Rathaus der Stadt Barth. Die
Bürgermeister Karl Lembke, Gerda Richter, Fritz Düwel, Hans Rewoldt, Bernd Zeller, Otto
Klimmer, Konrad Lanz und gegenwärtig Mathias Löttge prägten und prägen hier die kleine
Stadt Barth.

1926 erfolgte am Schilfgraben die Grundsteinlegung für die katholische Kirche St.-Marie-Trösterin der Betrübten. Ab 1937 wirkte hier der Pfarrer Alois Dobczynski, der am 4. Juni 1945 an den Folgen der Behandlung im Gestapogefängnis starb. Er hatte polnische Bürger in seinen Gottesdiensten geduldet.

Der Wasserturm in der Sundischen Straße war der erste städtische Wasserturm im Kreis Franzburg-Barth, Foto um 1965. Im Dezember 1926 wurde der Wasserturm der Stadt Barth übergeben.

2

Kindheit und Jugend in Barth

Die kleine Siedlung Rövershagen außerhalb der Barther Altstadt, 1921 durch die Bauunternehmer Gustav Wiegels und Max Teetz fertig gestellt, war immer Anziehungspunkt für Kinder. Diese wurden später u. a. Bürgermeister, Bauingenieur und Kapitän, Foto von 1959.

Pappeln, Wassergraben und Holzsteg zum Haus waren typische Merkmale für die Barthe-straße im Vogelsang. Vor dem Haus der Familie Alwardt in der Barthestraße 86 versammel-ten sich 1951 diese Spielgefährten, um ihre nächsten Spiele „zu planen".

Im Frühjahr 1953 bereiteten diese Kinder in den Fuchs-bergen eine zu jener Zeit beliebte Schnitzeljagd vor.

Der Badebusch in den Fuchsbergen, eine mit Kiefern und zum Teil seltenen Pflanzen bewachsene Binnendüne, war im Sommer ein besonderer Anziehungspunkt. Christa Rössler, Brigitte Müller und Hannelore Rössler (v.l.) genossen im Jahre 1956 das Bad in der Barthe.

Familie Arnold Müller benutzte 1959 den „Bahnschienenweg" mit ihrem Besuch (l.) zu einem sonntäglichen Spaziergang. Bis Mitte 1945 fuhr hier die Darßbahn entlang.

„Früh übt sich, wer ein Meister werden will". – Joachim Gehrke (r.) und Jürgen Wenzel nutzen die Felder vor der Stadt Barth zum Fußballspiel, um 1953.

Mit seinem neuen Roller zeigte sich Olaf Horst 1970 vor dem Konsum in Vogelsang. Zur Freude der Vogelsänger fuhren hier auch täglich Lieferanten mit frischem Gemüse vor.

Mit dieser Bäckerkleidung, genäht von seiner Oma Kohlmorgen, vertrat Torsten Simon 1975 die Bäckerfamilie Simon in dritter Generation.

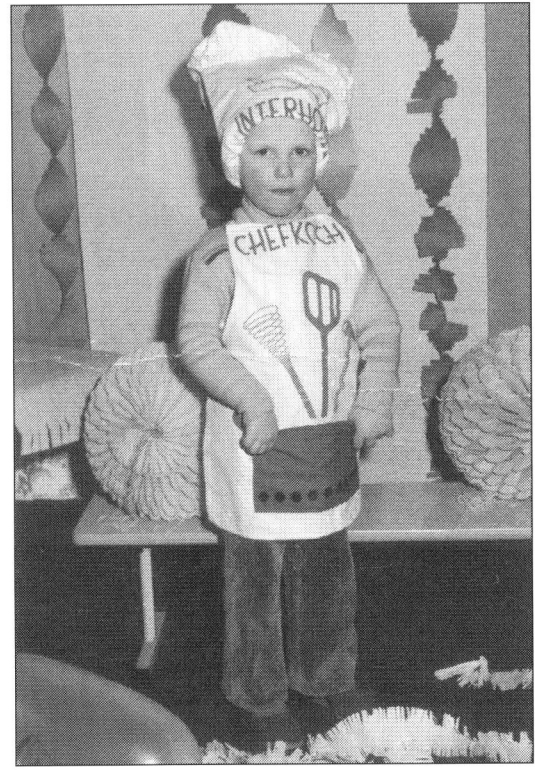

Daniel Exler zeigte sich 1984 als „Inter-hotel-Chefkoch" im Kindergarten schon in seiner späteren Berufsbekleidung. Nach erfolgreicher Lehre im Speicher-Hotel ist er heute als Koch in Barth tätig.

Am 8. März 1949 erhielt das zweite Kinderheim in Barth in der Rudolf-Breitscheid-Straße 60 den Namen „Eva-Maria Buch". Im Garten trafen sich um 1970 Kinder und Erzieher mit dem Ehepaar Küttner (4. und 6.v.l.), langjährig durch Patenschaft miteinander vertraut.

In den Achtzigerjahren besuchten die Betriebsangehörigen des Kinderheimes „Eva-Maria Buch" mit ihrer Leiterin Sabine Klöcking (3.v.r.) ein Kinderheim in Eldena.

Anlässlich der Eröffnung der Kinder-
tagesstätte „Lilo Herrmann" im Jahre
1960 in der Chausseestraße 19 entstand
dieses Foto. Insgesamt konnten 1985
bei 162 Krippenanträgen 95 Plätze ver-
geben werden. Der Anteil der Eltern für
einen Platz betrug 1,40 Mark täglich.

Im evangelischen Kindergarten in der Papentraße 5 wurde 1965 das Märchenspiel „Was die
Bären im Walde erlebten" für die Eltern aufgeführt.

Mit einer Wasserpumpe auf dem Hof und der 50 Meter entfernten Toilettenbaracke eröffnete der Kindergarten in Tannenheim 1948 seine Pforten. Dieser Raum wurde 1962 mithilfe der Eltern eingerichtet. Über 30 Jahre leitete Charlotte Bantow den Kindergarten.

Im Kindergarten Vogelsang feierten die Kinder 1959 Fasching. Die einfachen Bedingungen hinderten die Erzieherinnen nicht daran, die Kinder aufwändig und liebevoll zu betreuen. 1966 erfolgte der Umbau.

Am 1. Oktober 1971 wurde die rekonstruierte Säuglingskrippe im Reifergang an die Leiterin Johanna Jekel (1.v.l.) und das Erzieherkollektiv übergeben. Waltraud Schulz (1.v.r.) war ab 1. Mai 1975 langjährig als Gemeindeschwester tätig. Auf dem Gelände der Krippe steht heute das Ärztehaus.

„Gemeinsames Topfsitzen" in der Kinderkrippe Reifergang, Mai 1973.

Zwei selbstständige Kinderkrippen und -gärten entstanden ab 1984 im „Adligen Fräulein-stift". Am 2. Januar 1985 wurden die ersten 90 Plätze übergeben. Im Februar 1992 war die letzte Baumaßnahme, im November 1992 kam es zur Schließung der Kindergärten.

Dieser Spielplatz im Reifergang fand regen Zuspruch durch die Kinder, 1988. Jahrzehntelang hatten die Leiter der Abteilung „Volksbildung" beim Rat der Stadt, Fred Rossow und Siegfried Fischer, umsichtig die Maßnahmen zur Verbesserung der Kinderbetreuung begleitet.

Beim Faschingsfest 1979 hatten sich die Kinder in der Kombination Barth-Süd schon ein-
gelebt. Die kombinierte Kindereinrichtung mit 90 Krippen- und 180 Kindergartenplätzen
wurde im Sommer 1977 übergeben.

Diese Krippenkinder feierten 1979 Fasching. Mit dem Neubau standen 1977 zirka 296 Krip-
penplätze zur Verfügung, aber in Barth gab es 450 Kinder im krippenfähigen Alter, 1985
sogar 565.

Ihre Konfirmation erhielt Christel Holland am 10. April 1949. Taufe, Konfirmation, Kommunion, Sozialistische Namensgebung und Jugendweihe gehörten mit unterschiedlichem Stellenwert, zu verschiedenen Zeiten, zum DDR-Alltag.

Vor der katholischen Kirche am Schilfgraben freuten sich diese Kinder mit dem Pfarrer Edgar Manira 1956 über ihre Erstkommunion.

Im Kulturraum der Kommunalen Wohnungsverwaltung in der Werftstraße 4 hielt Heinrich Krabbe, von 1958 bis 1985 Direktor des VEB Kommunale Wohnungsverwaltung Barth, um 1966 anlässlich der Sozialistischen Namensgebung die Festrede.

Im Frühjahr 1984 erhielten die Schüler der achten Klassen der Liebknecht-Schule ihre Jugendweihe. Bei der anschließenden Familienfeier freuten sich die Schüler besonders über die Geschenke.

Die Klasse 9 im Jahre 1949 vor dem Gebäude der Fritz-Reuter-Schule. Die Oberschule, Papen-straße 8, wurde in jenem Jahr zur Fritz-Reuter-Schule.

Im Dezember 1951 zog die Oberschule nach Vogelsang um. 1947 hatten 29 auswärtige Schülerinnen und Schüler der Oberschule bereits das ehemalige Ledigenwohnheim der Pom-merschen Industriewerke (PIW) in der Waldstrasse 5 als Internat bezogen.

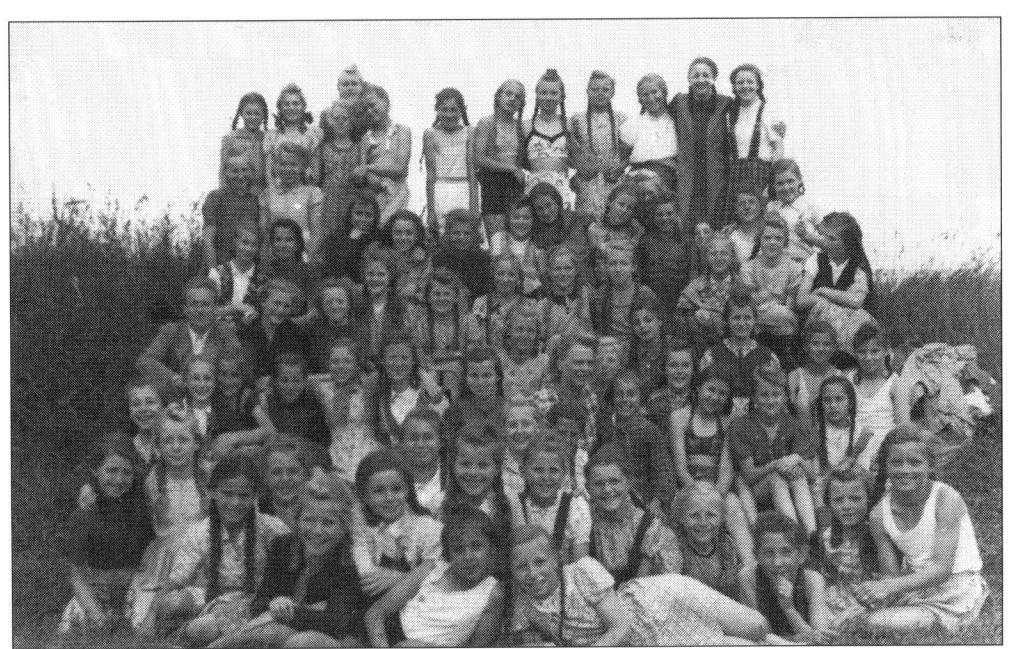

Die Schülerinnen der sechsten Klassen der Grundschule II, Chausseestraße 21, seit 1956 Nobert-Schule, unternahmen 1952 einen Ausflug nach Fahrenkamp.

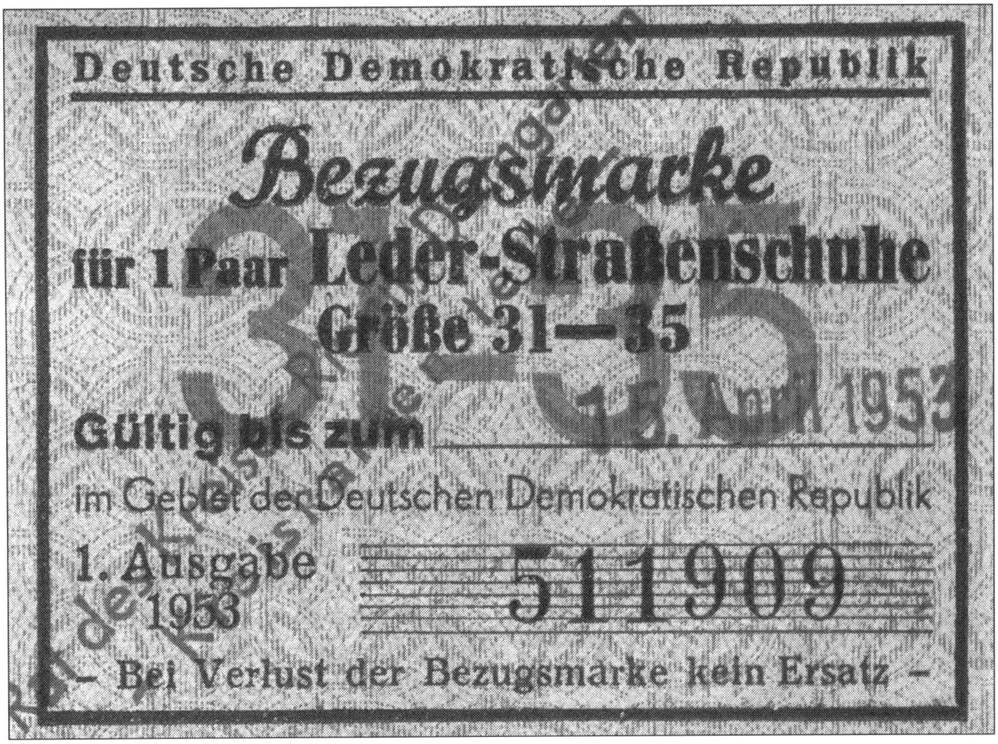

Deutsche Demokratische Republik

Bezugsmarke

für 1 Paar Leder-Straßenschuhe

Größe 31—35

Gültig bis zum … April 1953

im Gebiet der Deutschen Demokratischen Republik

1. Ausgabe 1953

511909

– Bei Verlust der Bezugsmarke kein Ersatz –

Die Schulen erhielten Bezugsmarken für Leder-Straßenschuhe, vorrangig für sozial schwache Familien, 1953. Viele Kinder kamen barfuß oder in Holz-, Stoff- oder Igelitschuhen zur Schule.

Die Grundschule I in der Turmstraße 1 erhielt 1949 den Namen von Ernst-Moritz Arndt. Die Mädchen der Klasse 7 standen hier im Jahre 1950 vor dem Schuleingang. Ab 1. September 1968 wurde die Schule als Unterstufenteil der Fritz-Reuter-Schule zugeordnet.

Ab 1949 trug die Knabenschule am Bleicherwall den Namen von Friedrich Adolf Wilhelm Diesterweg. Auf dem Foto von 1952 ist Frau Clementine Rodenbücher mit ihren Schülern zu sehen. Ab 1954 setzte sie sich erfolgreich für den Aufbau einer Sonderschule für lernbehinderte Schüler in Barth ein.

Nach umfangreichen Rekonstruktionsmaßnahmen von 1971 bis 1973 wurde die Fritz-Reuter-Schule am 1. September wieder ihrer Bestimmung übergeben.

Diese Klasse der Unterstufe der Nobert-Schule stand 1975 vor dem am 1. September 1962 übergebenen Erweiterungsbau. In drei Jahren wurde er besonders durch Eltern, Schüler und Lehrer im NAW (Nationales Aufbauwerk) geschaffen, moderne Fachräume entstanden.

Zum letzen Schultag 1983 stellte sich diese Klasse der Reuter-Schule mit ihrer Klassenlehrerin Frau Christa Linzmeyer dem Fotografen. Sie hatte zuvor den besten Schülern neben der „Urkunde für gutes Lernen in der sozialistischen Schule" auch eine Blume überreicht.

Am 18. Dezember 1970 wurde das Flachgebäude der Hans-Coppi-Schule, die 1959 ihren Namen erhielt, übergeben. Anlässlich des 40. Jahrestages der Gründung der FDJ am 7. März 1986 weilte Hans Coppi, Sohn der 1942 bzw. 1943 hingerichteten Widerstandskämpfer gegen das Hitlerregime Hans und Hilde Coppi, an der Schule.

Ein Brauch an der Liebknecht-Schule war es, dass Schüler der zehnten Klassen die Schulanfänger nach der Einschulungsfeier mit einer Sonnenblume begrüßten, hier 1983.

Nach der ersten „Bekanntschaft" mit dem Klassenraum erhielten die Schulanfänger von den Eltern ihre Schultüte, 1983.

Schüler der Nobert-Schule montierten während des Unterrichtstages in der Produktion (UTP) mit ihrem Lehrer Horst Bürger 1967 im VEB Landesmaschinenbau Barth den Düngerstreuer „Mullos", der nach Holland exportiert wurde.

Im Unterrichtstag in der Produktion wurde 1960 eine Landwirtschafts- und Industrievariante eingeführt. Schüler der Nobert-Schule zeigten dies auf Transparenten anlässlich des Internationalen Kindertages am 1. Juni 1960.

Unter Leitung des Ingenieurs für Betontechnologie Dieter Jung entwickelten die Schüler der zwölften Klasse der Otto-Grotewohl-Schule 1977 in der wissenschaftlich-praktischen Arbeit (wpA) im Betonkombinat ein Exponat, das auf der zentralen „Messe der Meister von Morgen" (MMM) in Leipzig vorgestellt wurde.

Wolfgang Tschirner, Mathematiklehrer und erfolgreicher Handballer sowie Trainer, bereitete in der AG (Arbeitsgemeinschaft) Handball Schüler der Grotewohl-Schule auf das Handball-turnier der Schulen des Bezirkes Rostock vor. Diese Mannschaft nahm 1978 erfolgreich an der Endrunde der Erweiterten Oberschulen teil.

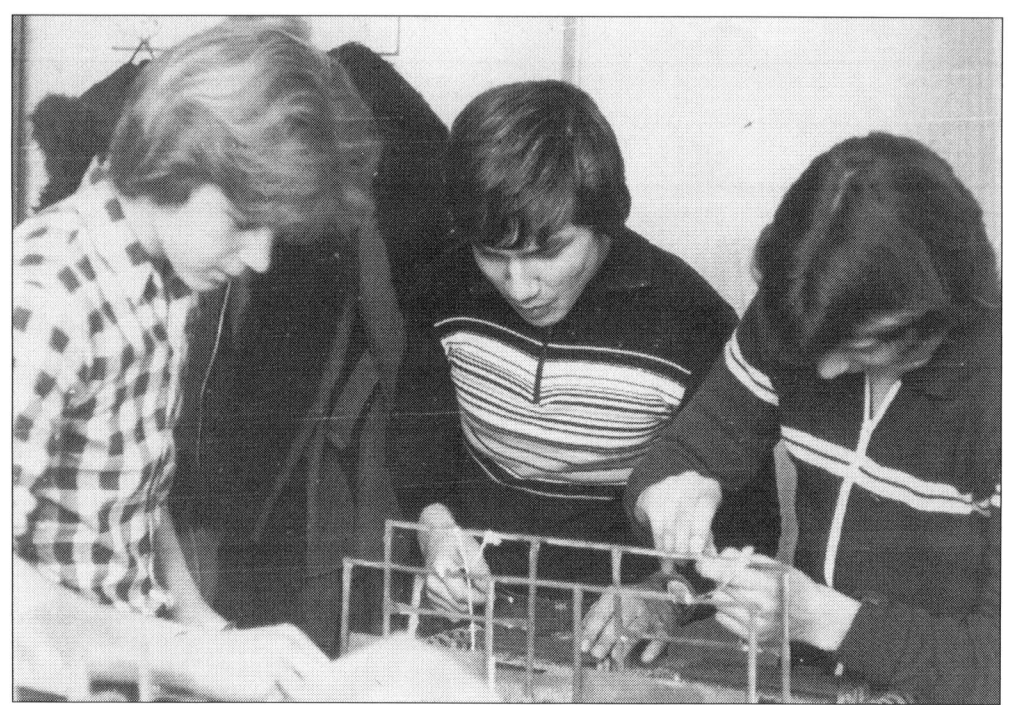

Zahlreiche Arbeitsgemeinschaften unterstrichen die vielseitigen Interessen der Schüler, um 1970: AG-Wehrerziehung an der Karl-Liebknecht-Schule, Schüler bauten das Modell einer Sturmbahn als Messeexponat.

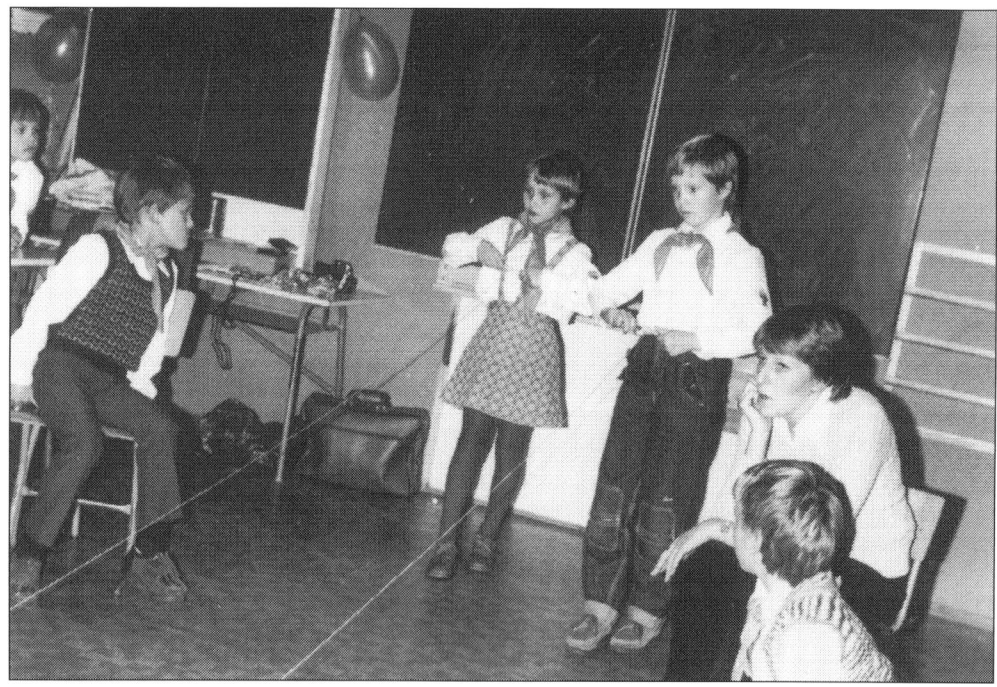

Auf einem Pioniernachmittag im Jahre 1986 in der Liebknecht-Schule erfreuten sich diese Schüler bei Geschicklichkeitsspielen.

Jährlich fanden in Barth die Ausscheide der Pionierchöre der Schulen statt. Auch der Chor der Hans-Coppi-Schule war dabei, 1975.

Am 22. Oktober 1974 wurde die Singegruppe der EOS „Otto-Grotewohl" als „Hervorragendes Volkskunstkollektiv" ausgezeichnet.

Am 2. Juli 1955, im Rahmen der 700-Jahr-Feier, begann um 7 Uhr im Stadtgebiet das Wecken, um 9 Uhr wurde auf dem Marktplatz das Kinderfest eröffnet. Alle Straßen waren festlich geschmückt.

Die Kinder der Nobert-Schule grüßten anlässlich des Internationalen Kindertages 1960 mit Transparenten und Puppenkindern symbolisch die Kinder Afrikas.

Verbindungen zu anderen Ländern wurden gepflegt. Jugendliche aus der polnischen Stadt Krakow waren 1974 an der Erweiterten Oberschule (EOS) zu Gast und wurden von den Lehrern Armin Bartels und Jochen Lange liebevoll betreut.

Subbotnik (freiwilliger, unentgeltlicher Arbeitseinsatz) im April 1980. Die Klasse 12a der EOS forstete gemeinsam mit Komsomolzen (Mitglieder der UdSSR-Jugendorganisation) aus Pütnitz den Fuhlendorfer Wald auf. Die Betreuung durch den Förster Eckard Westphal garantierte gute Arbeit.

Außerhalb des Barther Kinderfestes wurde auch der Internationale Kindertag am 1. Juni in den Kindereinrichtungen gefeiert. 1985 sind die Krippenkinder der Kombinationseinrichtung Barth-Süd bei einem Umzug durch das Neubaugebiet zu sehen.

„Nachbarskinder", August 1988. Susanne Glewa betreute Anton. Ob der Gesichtsausdruck Zukünftiges erahnen lässt? Diese Generation wuchs in die Wende hinein.

3

Arbeitswelten in Barth

Am 16. Juni 1957 empfing Flughafenleiter Karl Schmidt die erste IL-14 aus Berlin in Barth. Der Inlandverkehr währte zunächst bis 1975. Im März 1970 landetet Prinz Sihanouk aus Kampuchea, begleitet vom Außenminister der DDR Otto Winzer (4.v.l), auf dem Barther Flugplatz.

Drechslermeister Werner Haamann, hier um 1966, stieg in das Familienunternehmen ein, das sein Vater, Drechslermeister Fritz Haamann (1884-1974), gegründet hatte. Auch auf der Leipziger Messe waren sie erfolgreich.

Nach 1945 fertigten Vater und Sohn Butterformen und Spinnräder an. Auch auf der Ausstellung des Barther Handwerks zur 700-Jahr-Feier im Jahre 1955 waren sie dabei.

Ab 1983 arbeitete Hans, Sohn von Werner Haamann, auf dem Foto von 1962 ist er zehn Jahre alt, in der Werkstatt seines Vaters mit, die er am 1. Januar 1985 in dritter Generation übernahm.

Wilhelm Rechel gründete 1948 sein Unternehmen Brunnen und Pumpenbau, Installation und führte es erfolgreich bis 1985. Das Foto von 1955 zeigt Wilhelm Rechel mit seinen Exponaten auf der Ausstellung des Barther Handwerks.

1905 hatte Robert Urth senior in der Sundischen Straße 10 ein Textilgeschäft eröffnet. Siegfried Urth ist hier um 1970 mit seiner Mutter Erna zu sehen. Er führte das Spezialgeschäft für Herrenkonfektion in dritter Generation bis 1988.

Foto der Familie Urth um 1960. Ute Urth übernahm das Geschäft in der Ernst-Thälmann-Straße 76 und übergab es 1990 an ihren Sohn Ralf. Thea Rieck, geb. Urth, führte nebenan das Spezialgeschäft für Damenkonfektion, das deren Tochter, Ute Rochnia, übernahm.

Peter Weinhardt, seit 1968 Augenoptiker-
meister, eröffnete 1971 in der Ernst-Thäl-
mann Straße 73 sein erstes Geschäft, hier
in einer Aufnahme von zirka 1979. Seit
über 20 Jahren am Barther Stadtgeschehen
beteiligt, war er umsichtig und erfolgreich
bis 2000 Stadtpräsident.

Am Geschäft Ernst-Thälmann-Straße 73 befand sich dieses Handwerkszeichen. Es ist auch
heute noch an dem von Peter Weinhardt 1992 eröffneten Geschäft in der Langen Straße 75
ein Blickfang.

Dem Bäckermeister Hans Simon (1905-1989), Hunnenstraße 34/36, wurde 1945 während einer Stromsperre von der Sowjetischen Kommandantur über Starkstromkabel Strom zum Brotbacken bereitgestellt. 1977 übernahm Simon die Bäckerei von Bäckermeister Hans Hoffrichter in der Baustraße 74, wo seit 1988 dieses Handwerkszeichen zu sehen ist.

1990 wurde der Sohn von Hans Simon, Hans-Dietrich Simon, zusammen mit seiner Frau Elke anlässlich seines 25-jährigen Meisterjubiläums vom Reiterverein durch die Lange Straße kutschiert.

Tischlermeister Hermann Hinrich eröffnete 1947 in der Trinseestraße, ab 1954 am Platz der Freiheit, eine Tischlerei. Hier ist er im Jahre 1956 als Zweiter von links zu sehen. Der Dresdner Orgelbaumeister Kristian Wegscheider, der gegenwärtig u.a. die Buchholz-Orgel der St.-Marien-Kirche restauriert, lernte bei Hermann Hinrich.

Auch Tochter Esther und Sohn Johannes legten 1973 erfolgreich die Meisterprüfung des Tischlerhandwerks ab, das beide in der Werkstatt des Vaters erlernten. Esther, hier auf einem Foto von 1969, führt heute in der Barthestraße 87 engagiert und kompetent die Werkstatt des Vaters weiter, Sohn Christian lernt hier in dritter Generation.

Aus umgebautem Wohnraum eröffnete der Konsum 1947 zwei Verkaufsräume in Barth-Vogelsang. Im Juli 1962 legten 40 Soldaten der NVA von der Sundischen Wiese das Fundament für ein neues Geschäft.

Am 14. Dezember 1962 wurde bereits die neue Verkaufshalle eröffnet. Gerd Horst, von 1952 bis 1978 Leiter des Konsums Vogelsang, begrüßte die Einwohner mit einem reichlichen Warenangebot.

Anlässlich des Tages des Handels wurde das Kollektiv von Gerd Horst am 18. Februar 1978 in Trinwillershagen mit dem Titel „Brigade der sozialistischen Arbeit" ausgezeichnet.

Der Verkaufswagen der HO aus Barth wurde von Ernst Lange gefahren und ermöglichte auch der Landbevölkerung den Einkauf frei verkäuflicher Waren, 1963. Fahrräder oder Mopeds waren zu der Zeit nur über die HO zu erwerben.

In der Ernst-Thälmann-Straße 31 wurde 1970 ein Kunstgewerbegeschäft des HO-Kreis-betriebes eröffnet. Otto Klimmer wünschte den Verkäuferinnen Gudrun Trans, Magda Krabbe (Leiterin) sowie Sieglinde Paetow (v.l.) viel Kundschaft.

Das erste Erntefest der LPG „Gute Hoffnung" im Herbst 1956. Die Barther LPG Typ III wurde im Frühjahr 1956 gegründet. Der erste Vorsitzende war Karl-Heinz Casper, ihm folgte 1967 Hein Kirchstein.

Das Foto von 1960 zeigt Karl-Heinz Casper auf dem Rübenfeld. Beim Rübenverziehen sind auch Grete Vensler und Anneliese Brümmel (v.l.) zu sehen. Die Diesterweg-Schule half ab 1956 durch einen Patenschaftsvertrag der LPG bei dieser anstrengenden, aber notwendigen Arbeit.

Am 5. Mai 1973 übergaben Otto Schumann, Leiter der Zwischenbetrieblichen Einrichtung Landbau (ZBE), und Günther Siegler, Erster Sekretär der Kreisleitung der SED Ribnitz-Damgarten, die Barther Milchviehanlage.

Der Elektromeister, Energetiker und Lehrmeister Ulrich Gehrke war von 1961 bis 1991 für die E-Technik der Barther Zuckerfabrik zuständig, Foto von 1980. Unterstützt wurde er dabei von Siegfried Goretzki, dem Leiter für Produktion und Technik und stellvertretenden Direktor.

Die Reinigung der Generator-Dampfmaschine. Junge Facharbeiter hatten sich um 1980 dem Fotografen gestellt: Norbert Wiegand (1. Reihe l.), Klaus Reiher, Torsten Frank (2. Reihe), Jürgen Herbusch, Norbert Maxin, Roberto Dartsch, auch Jürgen Gehrke gehörte dazu. Drei dieser Fachkräfte haben seit der Wende selbstständige Unternehmen in Barth.

Produktionsstätte des VEB Schiffsanlagenbau Barth von 1971. Fischmehlanlagen aus Barth für Fischfangschiffe der DDR, der Sowjetunion u.a. Länder waren gefragt. Ohne die Werft waren allein 1.100 Menschen in diesem Barther Unternehmen beschäftigt.

Gustav Sanitz war bis 1953 Pächter der Werft von Carl Holzerland junior. Am 1. Mai 1952 versammelten sich alle Beschäftigten auf dem Werftgelände in der Hafenstraße 2.

Die Beschäftigten der VEB Bootsbau- und Reparaturwerft fertigten neben Holzkuttern, u.a. für das Fischkombinat Sassnitz, ab 1956 auch Stahlkutter, Pontons und Schlepper, darunter den Schlepper „Buche", jetzt bei der Firma Ramm- und Wasserbauanlagen Bossow in Barth. Aufnahme vom 1. Mai 1953.

Armin Pfeiffer, seit 1. Januar 1992 Geschäftsführer der Schiffswerft Barth GmbH, begann 1966 seine Tätigkeit auf der Schiffsbau- und Reparaturwerft Barth, ab 1977 war er Produktionsleiter der Werft. Mit 100 Beschäftigten gehörte die Werft von 1971 bis 1991 zum VEB Schiffsanlagenbau Barth. Aufnahme von 1968.

Mit 820 Beschäftigten war das VEG Saatzucht- und Zierpflanzen Barth ein bestimmender Arbeitsfaktor in Barth. Auf der Bereichsversammlung im Jahre 1979 wurde Bilanz gezogen. Regine (seit 1969) und Rainer Hoffmann (seit 1978) hatten daran ihren Anteil.

Die 1960 gegründete Gärtnerei GPG „Flora" wurde von 1966 bis 1989 von Heinz Möller umsichtig geleitet. Während eines Betriebsausfluges um 1970 ist Heinz Möller (2.v.l.) mit seiner Frau Inge im Kreise seiner Mitarbeiter zu sehen.

Der erste Betriebsausflug des VEB Kommunale Wohnungsverwaltung (KWV) führte im Jahre 1958 nach Graal-Müritz. Am 1. Januar 1958 wurde der Betrieb mit 21 Beschäftigten dem Rat der Stadt Barth, Abteilung Örtliche Wohnungen, zugeordnet und am 1. Januar 1971 in VEB Gebäudewirtschaft umbenannt.

Mit der sowjetischen Taschenuhr vom Typ „Molnija" bestand Edwin Pohla 1978 seine Meisterprüfung als Uhrmacher. In der Langenstraße 1 führt er nach seinem Großvater Carl Pohla und dem Vater Kurt das Geschäft in dritter Generation.

Harry Ramien war als Produktions- und Bauleiter seit 1983 im VEB Straßen- und Tiefbau Barth bei umfangreichen Baumaßnahmen dabei, Foto um 1985.

Straßenarbeiten des VEB Straßen- und Tiefbau Barth im Jahre 1987 am Karthäuserweg. Auch am Bau der Trinkwasserleitung Martenshagen, Divitz und Barth oder der Schmutzwasserkanalisation im Amselweg war der Betrieb beteiligt.

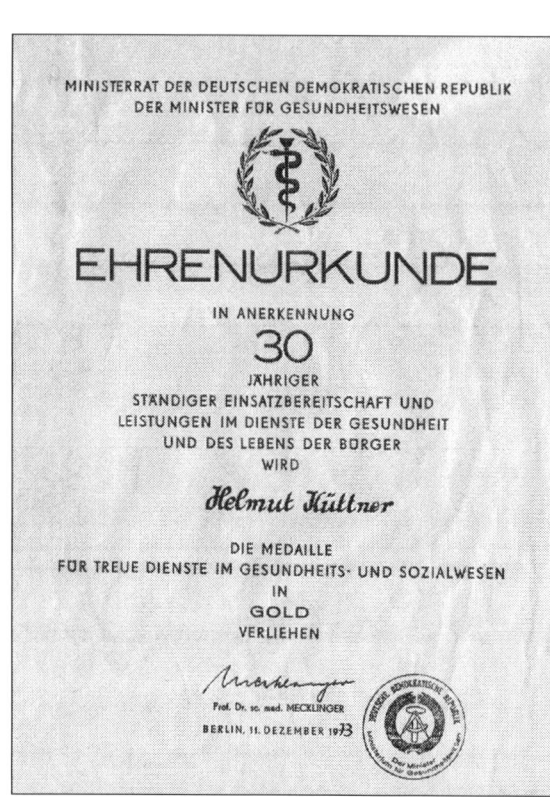

Ein Wirtschaftspatent der DDR, Nr. 44463 vom 8. November 1965 über eine Polier- und Staubabzugsvorrichtung, zahlreiche Veröffentlichungen in der Fachzeitschrift „Zahntechnik" sowie diese hier abgebildete Urkunde von 1973 bekunden hohes fachliches Können des Zahntechnikermeisters Helmut Küttner.

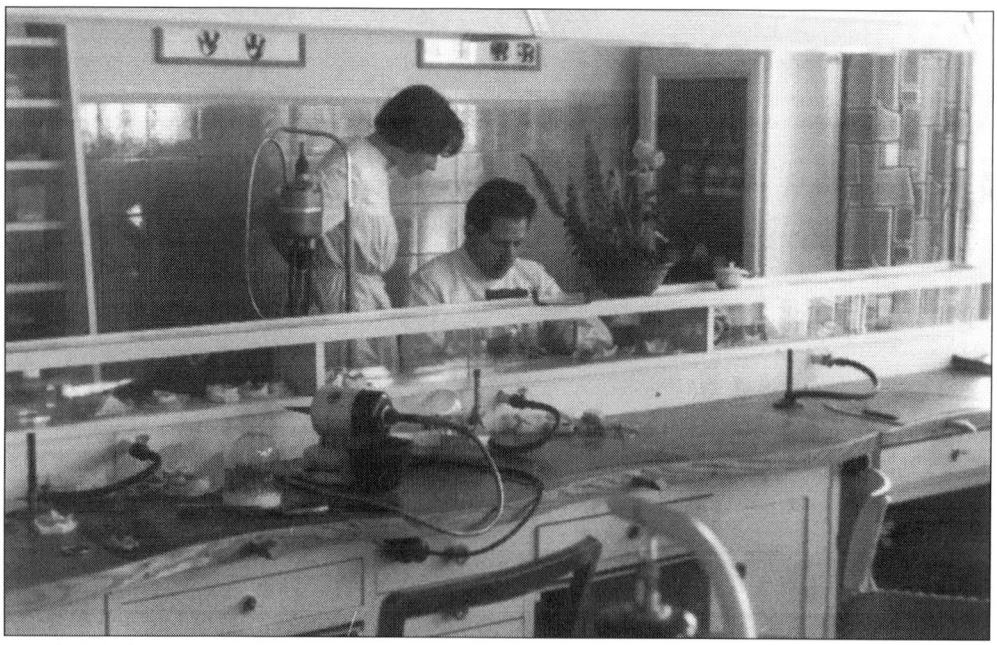

Am 1. Juli 1951 richtete Helmut Küttner im Landambulatorium ein Zahntechniklabor ein. Sein Vater, Paul Küttner, betrieb ein solches Labor bereits ab 1919 in der Langenstraße 15, später in Nr. 57. In der Bahnhofstraße 1 entstand 1961 (Foto) ein neues Labor. Walpurga Tempel und andere Lehrlinge sowie Praktikanten bildete Helmut Küttner bis 2001 aus.

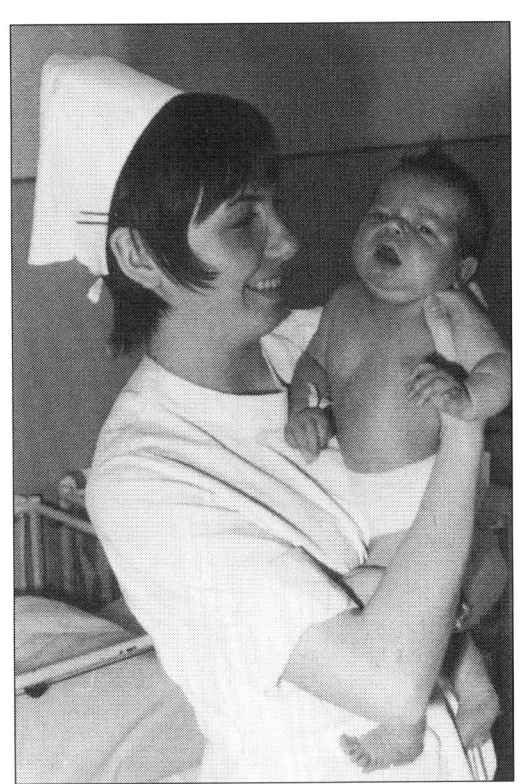

Die Hebamme Brigitte Tschirner im Jahre 1973 in der Barther Entbindungsstation am Schilfgraben, eine Einrichtung, die von 1972 bis 1977 bestand.

Wegen starker Schneeverwehungen begleiteten die Hebamme Brigitte Tschirner und der Arzt Dr. Peter Lützenberger eine schwangere Frau am 16. Februar 1979 nach Stralsund. Diese Feld-Landebahn in Vogelsang ist heute ein Wohngebiet um den Kranichweg.

„Janka und Janek" wurde von Schülerinnen und Schülern der Nobert-Schule 1958 im Rahmen des Patenschaftsvertrages in der Fischfabrik Barth aufgeführt. Die F.W. Krüger GmbH wurde am 1. Mai 1953 in Volkseigentum überführt und ging am 1. Oktober 1993 mit 210 Arbeitsplätzen in Insolvenz.

Am 1. Mai 1961 wurde in Barth eine Außenstelle des Kraftverkehrs in der Nähe des Bahnhofs Barth eröffnet. Fern- und Stadtverkehr wurden umsichtig koordiniert. Eine Busfahrt von Vogelsang nach Barth-Süd kostete 30 Pfennige.

Anlässlich ihres 73. Geburtstages am 6. September 1985 wurde Hildegard Tröger (2.v.l.) von den „Mitstreitern" der Volksbuchhandlung und der Leihbibliothek feierlich verabschiedet, nachdem sie dort über 20 Jahre in der Ernst-Thälmann-Straße tätig war.

Die Stadtbibliothek mit Schallplattenausleihe wurde 1977 Zentralbibliothek. Ursula Dannenberger (1.v.l.) sowie Hildegard Tröger sitzen zu beiden Seiten der Damen der Leihbibliothek, 1985.

Annegret Exler (links) mit Carmen Lohmann auf dem Barther Weihnachtsmarkt, 1984. Sie ist kompetente Ansprechpartnerin für Auskünfte über Barth. Die von ihr geführte Barth-Information befindet sich heute im Vineta-Museum in der Langen Straße 16.

Mit Informationen über Bus- und Bahnverkehr und dem Verkauf von Karten für Kulturveranstaltungen begann Annegret Exler 1983 ihre Arbeit in der Barth-Information in der Ernst-Thälmann-Straße 51, um 1985.

4

Veränderungen im Stadtbild

Anlässlich des zehnjährigen Bestehens der DDR trafen sich verdienstvolle Barther Bürger am 7. Oktober 1959 in der Begegnungsstätte der Volkssolidatität am Markt Nr. 16.

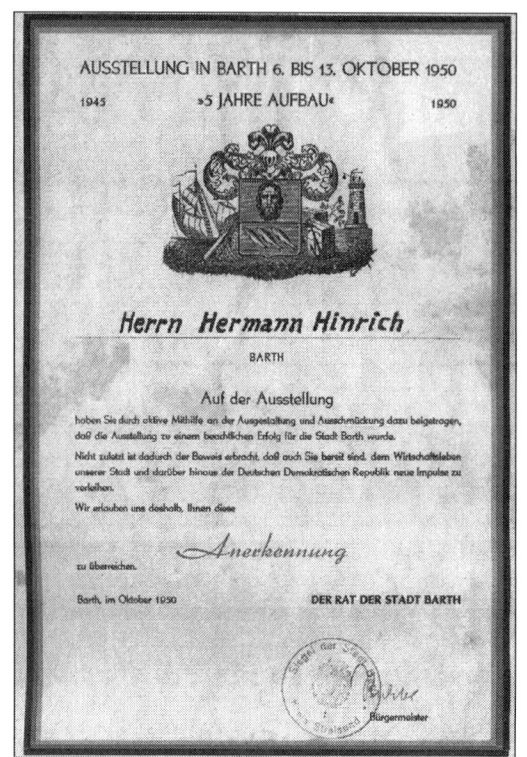

AUSSTELLUNG IN BARTH 6. BIS 13. OKTOBER 1950

1945   »5 JAHRE AUFBAU«   1950

Herrn Hermann Hinrich

BARTH

Auf der Ausstellung

haben Sie durch aktive Mithilfe an der Ausgestaltung und Ausschmückung dazu beigetragen,
daß die Ausstellung zu einem beachtlichen Erfolg für die Stadt Barth wurde.

Nicht zuletzt ist dadurch der Beweis erbracht, daß auch Sie bereit sind, dem Wirtschaftsleben
unserer Stadt und darüber hinaus der Deutschen Demokratischen Republik neue Impulse zu
verleihen.

Wir erlauben uns deshalb, Ihnen diese

Anerkennung

zu überreichen.

Barth, im Oktober 1950   DER RAT DER STADT BARTH

Bürgermeister

Zum Erfolg der Barther Ausstellung anlässlich des ersten Jahrestages der DDR hatten viele Barther Handwerker beigetragen. Die Tischlermeister Glewa, Lemke und Hinrich stellten u.a. Hocker und Klapptische her und halfen so, die Nachfrage nach den kleinen Dingen des Alltags zu befriedigen.

Die Dachrenovierung des Dammtores wurde 1971 von der Firma des Dachdeckermeisters Uwe Kraushaar vorgenommen. Das Baugerüst beanspruchte fast die gesamte Gerüstkapazität des Kreises Ribnitz-Damgarten.

Am 26. August 1986 konnten die Barther miterleben, wie Kugel und Hahn für den Kirchturm der St.-Marien-Kirche repariert und in neuem Glanz an ihren Bestimmungsort zurückgebracht wurden.

Ein waghalsiges Unternehmen: Udo von Glowacki und Paul Lis brachten auf einer Leiter Hahn und Kugel zum Ausgangsort in 86 Metern Höhe zurück.

Der Rat der Stadt Barth stimmte im Beschluss Nr. 85 vom 28. Juli 1959 zu, einen Wettbewerb zur Verschönerung des Stadtbildes auszurufen. Ende 1959 hatten sich 31 Hausgemeinschaften dazu bereit erklärt. Die Bewohner der Sundischen Str. 84 erhielten 1979 die Auszeichnung „Vorbildliche Hausgemeinschaft".

Die Hausgemeinschaft Grüner Weg 15, hier auf einem Foto von 1979, wurde mehrfach als „Vorbildliche Hausgemeinschaft" im Wohnbezirk IV ausgezeichnet. Sämtliche anfallenden Instandhaltungs- und Verschönerungsarbeiten erledigten sie in eigener Regie.

Im Wettbewerb der Nationalen Front „Schöner unsere Städte und Gemeinden – mach mit" wurde auch die Hausgemeinschaft 5b im Wohnbezirk III geehrt. Auf dem Foto von 1979 sind Horst Sternberg, Hans Grunwald und Willi Döbbert (v.r.) zu sehen.

Im Jahre 1980 erfolgte die Reparatur des Hafens. Der Bau einer neuen 220 Meter langen Spundwand an der Ostseite machte das Hafenbecken für die Schiffe und gegen Natur-katastrophen sicherer.

Erwin Rust, hier in einer Aufnahme von 1979, ist seit 1960 eng mit dem Baugeschehen der Stadt Barth verbunden, u.a. als Bauleiter im ZBE (Landbau) und ab 1985 im Stadtbauamt Barth. Er ist heute noch eine „gefragte" Barther Adresse für Auskünfte über die bauliche Entwicklung der Stadt.

Die Tiefbauarbeiten auf der „Blauen Wiese" wurden für 135 Wohnungen ausgelegt. Die ersten Bewohner zogen Ende 1981 hier ein. Aufnahme aus dem gleichen Jahr.

Die Betriebsangehörigen des VEB Gebäudewirtschaft Barth waren auch beim Eigenheimbau Douzette-Straße und an den Standorten Rudolf-Breitscheid-Straße, Amselweg, Clara-Zetkin-Straße, Mastweg und Bockmühlenweg in vollem Einsatz; Wohnungen waren zu der Zeit Mangelware.

Udo von Glowacki erklomm 1988 den 120 Meter hohen Schornstein des Heizhauses des VEG Saatzucht- und Zierpflanzen Barth. Nach der Energieträgerumstellung (ETU) von Öl auf Braunkohle ging der Schornstein nach 14 Monaten Bauzeit 1984 in Betrieb.

Am 28. Juni 1980 eröffnete der Barther Bürgermeister Bernd Zeller feierlich die 18. Arbeiter-festspiele auf der rekonstruierten Freilichtbühne in den Anlagen.

Die Jugendherberge „Karl Krull" hatte sich von 1972 bis 1986 zu einem Touristenzentrum für Jugendliche aus der DDR und den sozialistischen Ländern entwickelt. Sie ist auch heute noch ein gefragter Freizeitort. Aufnahme um 1970.

Das Kollektiv der Jugendherberge unter der Leitung von Manfred Senst (Mitte) wurde im Mach-mit-Wettbewerb ausgezeichnet, 1979. Sport-, Spiel- und Kultureinrichtungen wurden erweitert, Parkgelände aufgeforstet.

Die Klubgaststätte „Klönkaten" an der Jugendherberge wurde am 3. Oktober 1985 eröffnet und von den Barther Bürgern und ihren Gästen zu DDR-Zeiten sehr gern besucht.

Im Zuge des Wohnungsbauprogramms der DDR entstand ab November 1975 das Neubaugebiet Barth-Süd, 1985. Bis 1977 wurden 702 Wohnungen bezogen.

Am 24. März 1980 nahmen an der Brechtstraße / Ecke Marchwitza-Straße eine Ärztin für Allgemeinmedizin und ein Zahnarzt ihre Tätigkeit auf. Seit dieser Zeit werden die Sprechstunden von Diplom-Medizinerin Karin Schwarz (l.) und Schwester Gudrun Schroeter nicht nur von den Bewohnern aus Barth- Süd geschätzt. Aufnahme um 1990.

Vom Stadtrat für Handel und Versorgung Karl-Heinz Koch nahm der Leiter der HO-Kaufhalle Barth-Süd, Otto Klimmer, im Kreise des Verkaufskollektivs die Glückwünsche des Rates der Stadt zur Eröffnung der Kaufhalle entgegen, 1980.

Wegen des guten Warenangebotes fand die Kaufhalle regen Zuspruch weit über Barth-Süd hinaus, 1980. Besonders zu den Festtagen waren die „Hohlkörper" genannten Schokoladenfiguren, die nur in begrenzter Stückzahl erhältlich waren, begehrt.

Am 26. April 1976 erfolgte die Grundsteinlegung für die Zehnklassige polytechnische Oberschule in Barth-Süd. Der Bürgermeister Hans Rewoldt ließ Münzen und Tageszeitungen in das Fundament einbauen.

Am 1. September 1977 begann an der Oberschule Barth-Süd für fast 700 Kinder der Unterricht. Lehrer, Schüler und Eltern halfen unermüdlich beim Saubermachen und Einräumen des Schulgebäudes. Der Appellplatz konnte noch nicht genutzt werden.

Am 6. November 1978 erhielt die Oberschule Barth-Süd durch den Ersten Sekretär der SED-Kreisleitung den Namen „Karl Liebknecht".

In Vorbereitung auf die Namensverleihung wurde nach Entwurf und Vorlage des Bildhauers Karl Lemke aus Barth-Glöwitz die Karl-Liebknecht-Büste angefertigt.

Der rekonstruierte Bahnhofsvorplatz wurde 1983 Busbahnhof. Im Mai 1986 erhielt der Busbahnhof eine Überdachung.

Das Kollektiv unter der Leitung von Anneliese und Paul Brümmel errang am 7. Oktober 1969
einen ersten Platz im Wettbewerb der Mitropa-Gaststätten im Bezirksbereich Rostock und
hatte allen Grund zum Feiern.

Im Jahre 1982 wurde mit dem Bau der Pergola in der Ernst-Thälmann-Straße begonnen. Das so genannte Zeller-Denkmal war zwischenzeitlich ein beliebter „Snackplatz" Barther Bürger.

Im Juli 1983 wurden in der Pergola die Barther Kulturtage eröffnet. Vom Rat der Stadt Barth war im November 1976 ein eigenständiger Fachbereich Kultur geschaffen worden, getrennt von Volksbildung und Jugendfragen.

Zum Erntefest 1955 fuhren Mitglieder der LPG Barth von der Chausseestraße / Ecke Wilhelm-Liebknecht-Straße an den Stallungen des Bauern Kurt Vensler vorbei. Nach der Wende befand sich hier das erste Lidl-Geschäft.

Im Haus Hunnenstraße 10 hatten der Musiker Emil Klitzing und der Fleischermeister Adolf Giertz einst ihr Zuhause. Nachdem das Gebäude längere Zeit unbewohnt gewesen war, wurde es abgerissen. Die Achtzigerjahre ließen wenig Spielraum für Altbausanierung. Aufnahme vom März 1985.

Die Bürgerinitiative zur Verschönerung der Stadt Barth fand viele Mitstreiter. Gerhard Wick (l.) erhielt 1985 vom Bürgermeister Bernd Zeller ein Präsent des Monats.

Der Subbotnik vom 14. April 1984 wurde von den Mitgliedern der Maler PGH Barth zur Verschönerung der Hausfassade ihres Betriebsgebäudes in der Rudolf-Breitscheid-Straße genutzt.

Mitarbeiter des Rates der Stadt Barth im Dezember 1984 beim Subbotnik zur Verschönerung des Rathauses. Auch in den Anlagen und anderen öffentlichen Parkflächen waren sie beim Subbotnik dabei.

Am 20. Mai 1982 konnte die erste Eheschließung im neuen Standesamt im Rathaus vorgenommen werden. Klaus-Dieter Kraul stand 1983 vor dem Standesamt mit seiner Hochzeitskutsche bereit.

Das frisch vermählte Ehepaar Marion Paetow und Jürgen Heuser bestieg die Hochzeitskutsche, um zur Familienfeier in die Gaststätte „Tannenheim" zu fahren.

1967 war die Gaststätte „Tannenheim" als Mittelpunkt eines Naherholungszentrums vom VEB Gebäudewirtschaft errichtet worden. Am 6. Januar 1985 brannte sie ab, wurde aber wieder aufgebaut.

Der Festumzug des Karneval-Klubs machte im November 1985 auf wirtschaftliche Engpässe in der DDR aufmerksam; findige Köpfe ließen den Barkas von einem Pferd ziehen. Witzbolde formulierten den Spruch: „Was wir am Tage schweißen, verlöten wir am Abend."

Eine Pioniereinheit der NVA begann 1988 mit dem Bau der Umgehungsstraße nach dem Zingst und dem Darß. 1990 wurde sie fertig gestellt und sorgt nun für eine Verkehrsberuhigung in der Barther Innenstadt.

5

Freizeit und Geselligkeit

Am 6. Mai 1971 fand auf dem Marktplatz in Barth eine Solidaritätsveranstaltung mit Vertretern des vietnamesischen Volkes gegen die amerikanische Aggression statt. Der Fanfarenzug mit dem ersten Tambour Hans-Jürgen Fritz begrüßte vietnamesische Gäste.

Bevor die Barther FDJler im August 1951 zu den III. Weltfestspielen der Jugend und Studenten nach Berlin abreisten, stellen sie sich vor dem Jugendhaus in der Bahnhofstraße 2 dem Fotografen.

Die Ehepaare Sepke und Siefert (v.l.) gönnten sich bei den III. Weltfestspielen in Berlin 1951 eine Ruhepause. Dietrich Sepke betreute eine Delegation der teilnehmenden Jungen Pioniere und FDJler des Landkreises Stralsund.

Die vom Fernsehen der DDR ausgestrahlte Serie „Verkehrsmagazin" berichtete auch über das erfolgreiche Barther Verkehrssicherheitsaktiv. Das Foto zeigt die Mitglieder zur Zeit der Verkehrserziehungswoche vom 22. bis 28. Mai 1978.

Eckehardt Rammin begründete 1965 die Zeesbootregatta in Bodstedt. Alt und Jung aus Barth sind am ersten Septemberwochenende jeden Jahres mit dabei: 1986 war auch Egon Krenz Gast bei der Zeesbootregatta.

Modenschau der HO, 1956. Auf dem Laufsteg der HO-Gaststätte „Zur Burg" wurden die neusten Modelle von den Barthern bewundert.

Das „Schaufrisieren" durch die Barther Friseure fand im Klubhaus des Landmaschinenbaus (LMB) in den Anlagen viele Anhänger. Auf dem Foto von 1968 zeigten sich die Models selbstbewusst.

Aus der 1967 gegründeten Formation „G-C-Elektra" ging 1973 die bekannte Tanzkapelle „Synchron" hervor. Hans-Georg Kossack, Karl-Heinz Kossack, Karl-Heinz Lewerenz und Kurt Dressler (v. l.) waren u.a. auf Abiturbällen, Jugendweihefeiern und Festen der Volkssolidarität eine gefragte Amateurgruppe. Aufnahme von 1984.

Seit 1970 leiteten Hiltraud Prößdorf und Heidemarie Rahn an der Arndt-Schule eine Volkstanzgruppe, 1980. 1992 wurde die Volkstanzgruppe vom Barther Heimatverein übernommen. Mit plattdeutschen Liedern und Tänzen der Region erfreuen die durch Hiltraud Prößdorf betreuten Kinder ihre Zuschauer.

Viele Jahre bestimmte Günther Jonas als Leitungsmitglied, Übungsleiter und Schiedsrichter die Entwicklung der Sektion Fußball der BSG Lok Barth. Hier stellte er sich 1975 mit den jungen Fußballern vor einem Kleinfeldspiel zu einem Mannschaftsfoto auf.

Die Handballerinnen der weiblichen Jugend A von Motor Barth wurden im Frühjahr 1975 durch die Leitung der BSG für den zweiten Platz in der Bezirksmeisterschaft geehrt.

Als Spieler, Übungsleiter und Schiedsrichter waren und sind Günter Neitzel und Willi Lichtwark eng mit dem Barther Fußball verbunden. 1967 belegten sie mit den von ihnen trainierten C-Schülern im Hallenfußball bei der Bezirksmeisterschaft in Rostock den vierten Platz.

Die Handballerinnen der weiblichen Jugend A von Motor Barth wurden 1977 Bezirksmeister. Mit Siegen über Neubrandenburg und Ludwigslust erreichten sie die Endrunde der DDR-Meisterschaft, belegten dort den fünften Platz. Dafür erhielten sie die Arthur-Becker-Medaille in Bronze.

Im Juni 1981 trafen sich die Männerhandballer der BSG Motor Barth mit ihren Familien im Schwimmlager Fuhlendorf. Dieses Lager unter der Obhut von Eduard Rochnia bot Möglichkeiten für Sport, Spiel und Ferien.

Mit der Bildung des Trainingszentrums Handball für Jungen im Jahre 1985 wurde schnell der Anschluss an die Spitze des Bezirks Rostock geschafft. Diese Jungen der Altersklasse zwölf trugen für die BSG Motor Barth 1988 eine Silbermedaille von der Bezirksspartakiade nach Hause.

1977 war die Gruppe FES (Freizeit- und Erholungssport) der BSG Motor Barth Schrittmacher bei „Start mit Bronze" zum Erwerb des Sportabzeichens der DDR im Kreis Ribnitz-Damgarten. Am 1. Mai 1978 waren die Barther beim zweiten Volkssportgeländelauf von Altheide nach Ribnitz dabei.

Läufer der FES-Gruppe waren mehrfach Teilnehmer am Gutsmuths-Rennsteiglauf. Hier zeigten sie sich vor dem Start 1979. Initiator der FES-Sportler war Walter Kahl (1.v.l., sitzend).

Helga Wienhöfer, Dorothea Becksmann und Hans-Joachim Meusel regten 1977 die Gründung des Karneval-Klubs in Barth an. Mitstreiter fanden sich schnell. Auf dem Foto von 1983 lebte der Klub schon in seiner Tradition.

Ein Höhepunkt im Faschingsprogramm Anfang der Achtzigerjahre war der Auftritt der „Olsenbande". Mit dem Faschingsruf „Barth man tau" wurden „Kjeld, Benny und Egon" gefeiert.

Im Karnevalsjahr 1985/86 wurden Brigitte I. und Wolfgang I. gekrönt. In dieser Zeit hat Otto Klimmer schon sein närrisches Volk in der Bütt begeistert.

Wieviele Mädchen inzwischen in der Funkengarde getanzt haben, wurde nicht gezählt. Im November 1986 begleitete die Funkengarde den Bürgermeister Bernd Zeller zur symbolischen Übergabe der Macht an das närrische Volk in der traditionsreichen Gaststätte „Zur Burg".

Am 30. April 1950 trafen sich diese Mädchen der Gruppe „Geschwister Scholl" vor dem Jugendheim auf dem Sportplatz zu einem Pioniersportfest.

Das Jugendklubhaus in der Bahnhofstraße 2 wurde am 3. Januar 1951, dem Geburtstag Wilhelm Piecks, der Barther Jugend übergeben. 1974 gründete sich der Arbeiterjugendklub (AJK), der am 30. Oktober 1977 den Namen „Viktor Jara" erhielt. Im Foto von 1978 sind Jugendliche beim Renovieren zu sehen.

Die Singegruppe des Arbeiterjugendklubs zeichnete 1985 für das Programm bei einer Friedensmanifestation der Barther Jugend in den Anlagen verantwortlich. Im Jugendklubhaus, ab 1963 Haus der Werktätigen (HdW), gab es 20 Zirkel und Arbeitsgemeinschaften.

Bis in die Gegenwart hinein ist eine Außenstelle der Kreismusikschule Ribnitz, heute Grimmen, im Haus der Werktätigen heimisch. Am 27. Februar 1986 musizierten Musikschüler anlässlich eines Empfangs im Rathaussaal unter Leitung von Horst Kunkel.

Drei Mal wurde das Haus der Werktätigen „Bestes Kulturhaus des Bezirkes Rostock". Mario Geschwantner und Roland Exler hatten mit ihren Diskotheken daran einen Anteil, um 1978. Ab 1977 gab es nach einer Vereinbarung mit dem FDGB pro Durchgang eine „Sommerparty" für Urlauber im HdW.

Durch das Haus der Werktätigen initiiert, gründete die Tanzlehrerin Eva-Maria Vobl 1978 den Tanzsportclub (TSC) Barth. Tanzturniere wie hier im März 1988 waren häufig ausverkauft, besonders die Internationalen Tanzturniere während der Ostseewoche, die zeitweilig in der Sporthalle Barth-Süd stattfanden.

Zur Weihnachtszeit führte das Pioniertheater für die Klassen der Unterstufe das Märchen „Der Wolf und die sieben Geißlein" auf. Den Wolf spielte 1981 Heyko Mews. Seit 1991 ist er Leiter des Hauses der Werktätigen.

Zum 15-jährigen Bestehen des Arbeiterjugendklubs trafen sich 1989 viele Gründungsmitglieder. Helga Wienhöfer (4.v.l.) leitete das Haus der Werktätigen von 1974 bis 1991. Heute trifft man sie noch dort beim Töpfern. Eine neue Aufgabe hat sie bei den Vineta-Aufführungen auf der schwimmenden Bühne und im Theater Barth gefunden.

113

In
ANERKENNUNG

hervorragender Leistungen
bei der Veranstaltung
von niveauvollem

JUGEND TANZ

wird

*Arbeiterjugendklub
„Victor Jara"
Barth*

das »blaue **t** « verliehen

Barth ,den 31. 10. 1981

Ministerium für
Kultur

Minister

Ministerium für
Handel und Versorgung

Minister

Zentralrat
der FDJ

1. Sekretär

Das „blaue t" war eine hohe Anerkennung
für die jugendgemäße und abwechslungs-
reiche Gestaltung der Diskotheken des
Arbeiterjugendklubs.

Viele DEFA-Filme, so auch der Kinderfilm „Das blaue Licht", entstanden unter der Mitwir-
kung Barther Bürger, 1974. Mit Katharina Thalbach, Fred Delmare u.a. wurde der Märchenfilm 1975 uraufgeführt.

Die Kameraleute der DEFA wurden bei Dreharbeiten zu dem Märchenfilm auf der „Gänsewiese" an der Ecke Turm- und Badstüberstraße von den Anwohnern neugierig beobachtet, 1974.

Beim Tonnenabschlagen 1959 auf dem Sportplatz holte der LPG-Vorsitzende Karl-Heinz Casper zum Schlag auf die Tonne aus. Er wurde am Ende der neue Tonnenkönig.

Herbert Moritz, selbstständiger Uhrmachermeister bis 1992, war nicht nur in seinem Geschäft in der Sundischen Straße 17 ein gefragter Ansprechpartner, sondern auch beim Verschönern seines Elternhauses am Scharlackenweg 15 immer präsent, um 1955.

In der Gaststätte „Zur Sonne" feierte Herbert Moritz (4.v.r., sitzend) 1978 mit seiner Familie den 80. Geburtstag seiner Mutter Elsa Moritz.

Der Chemielehrer Bernhard Tädcke wirkte lange Jahre auch als Direktor und stellvertretender Direktor an Barther Schulen. Als passionierter Angler fing er am 30. Dezember 1971 diesen Hecht mit 85 Zentimetern Länge und über neun Pfund Gewicht im Torfmoor ohne Kescher mit der Hand.

Trotz seiner Tätigkeit als Lokführer hatte Wilfried Lübs immer Zeit für gemeinsame Erlebnisse mit seinen drei Kindern, wie hier 1977 am Prerower Strand. Von 1992 bis 2002 engagierte er sich im Barther Heimatverein für die Fortführung des Barther Kinderfestes.

Die Weihnachtspyramide erfreut alljährlich die Barther und ihre Gäste. Das erste Mal wurde sie 1982 aufgestellt, angefertigt durch die Kollektive Arnold Trojan vom VEB SAB-Barth und Dieter Hinke von der HO-Deko-Abteilung. Die Figuren schuf Bärbel Kuhnert.

Auf dem verschneiten Marktplatz traf der Weihnachtsmann 1982 mit seiner Kutsche und den Wichteln ein, von den Kindern schon sehnlichst erwartet.

Vor den Märchenfiguren ließen sich Heike und Ines Tietböhl auf dem Weihnachtsmarkt 1982 gerne mit dem Weihnachtsmann fotografieren.

Aus einer seit 1947 bestehenden Gemeinschaft von Anglern und Seglern entstand im Juni 1950 die BSG Motor Barth, vom VEB Landmaschinenbau Barth unterstützt. Das Gründungsmitglied Eberhard Harloff wurde 2002 für seine Mitgliedschaft in der Sektion Segeln und ab 1990 im eigenständigen Barther Segelverein 1926 e.V. mit der Goldenen Ehrennadel des Landesseglerverbandes geehrt. 1980 organisierte er mit der Sektion Segeln schon das dritte Fahrtensegeltreffen, an dem 412 Boote aus der DDR teilnahmen.

Die Regatta von 1957 um das „Blaue Band des Barther Boddens" wurde von Reinhold Krüger, Sektionsleiter Segeln von 1950 bis 1968, am Seglersteg eröffnet.

1972 fand die erste Optimistenregatta der Kinder statt. Der Trainer Harry Fildebrand (rechts sitzend) unternahm 1983 mit Nachwuchsseglern und Übungsleitern einen Törn zur Insel Hiddensee.

Zum Ball der Handwerker wie hier um 1950 gehörte eine große Modenschau. Mit dabei war die seit 1946 selbstständige Schneidermeisterin Lisbeth Schütt (2. Reihe v.l.), die am 7. Mai 2003 ihren 95. Geburtstag feierte.

In den fast noch fernsehfreien Fünfzigerjahren bestimmten Bälle und Theateraufführungen das gesellschaftliche Leben. Dazu gehörten auch die Handwerkerkostümbälle. Im Foto von 1955 umrahmte Käthe Schnuchel mit ihrer ersten Frauensportgruppe Wilhelm Rechel.

Die Kleingartenvereine waren und sind Stätten der Freizeit und Erholung. In der DDR trugen sie zur Versorgung mit frischem Obst und Gemüse bei. Auf dieser Obstschau 1982 im Klubhaus des SAB wurden Äpfel verkauft, das Kilogramm für eine Mark.

Im Mai 1980 fand auf dem Barther Marktplatz die Vereidigung von Soldaten der Nationalen Volksarmee statt.

Am 1. Mai 1985 legten ehemalige englische, amerikanische und sowjetische Kriegsgefangene mit ihren Angehörigen auf dem Gelände des Gefangenenlagers Stalag Luft I einen Friedenshain mit Bäumen ihrer Heimat an. Das Fernsehen der DDR war mit dabei.

Eine langjährige Städtepartnerschaft verband Barth mit Le Portel, Frankreich. Mehrere Jahre weilten französische Kinder in den Sommerferien im Internat der EOS. Zu Ostern 1966 besuchte eine Lehrerdelegation aus der Partnerstadt während ihres Aufenthaltes die Barther Fischfabrik.

Von 1984 bis 1990 bestand mit Unterstützung des VEG Saatzucht- und Zierpflanzen Barth ein Schüleraustausch zwischen der Liebknecht-Schule und polnischen Schulen in Olsztyn und Mragowo. Das Abschiedsfoto entstand im Sommer 1986 auf dem Bahnhof in Olsztyn.

Irmina Nowicka, die polnische „Seele" des Austausches, führte 1985 Barther Schüler durch Mragowo. Gerne nutzten die Schüler auch den Aufenthalt in den Lagern für Erholung und Arbeit in Bratislava und Erfurt in den Sommerferien.

Im Rahmen des Wettbewerbes „Schöner unsere Städte und Gemeinden – mach mit" bestand eine Partnerschaft mit der Stadt Sassnitz. Im Mai 1985 wurden die Barther mit ihren Ehepartnern vom Sassnitzer Bürgermeister Hans-Joachim Lange im Fischereihafen begrüßt.

1998 begrüßten Mathias Löttge, Bürgermeister seit 1997, seine Frau und der Stadtpräsident Peter Weinhardt den Ministerpräsidenten von Mecklenburg-Vorpommern Bernd Seite am Barther Hafen. Inzwischen ist die Boddenstadt Barth für die Städte Bremervörde, Simrishamn und Kolobrzeg ein attraktiver Partner.

Quellenverzeichnis

BOHN, DIETRICH: *50 Jahre 1950-2000, Motor Barth,* Barth Mai 2000.
BÜLOW, WILHELM: *Chronik der Stadt Barth,* Selbstverlag, Barth 1922.
Chronik der Diesterweg-Schule, handgeschrieben.
Chronik der Nobert-Schule, handgeschrieben.
Chronik des Kindergartens Tannenheim, handgeschrieben.
Festschrift der 700-Jahr-Feier der Stadt, HRSG. VOM RAT DER STADT BARTH, Schweriner Volkszeitung 1955.
Stadtarchiv Barth, diverse Akten und Unterlagen.
Unsere Bilanz seit dem VIII. Parteitag der SED, Informationsmaterial der Stadt Barth 1971-1985.

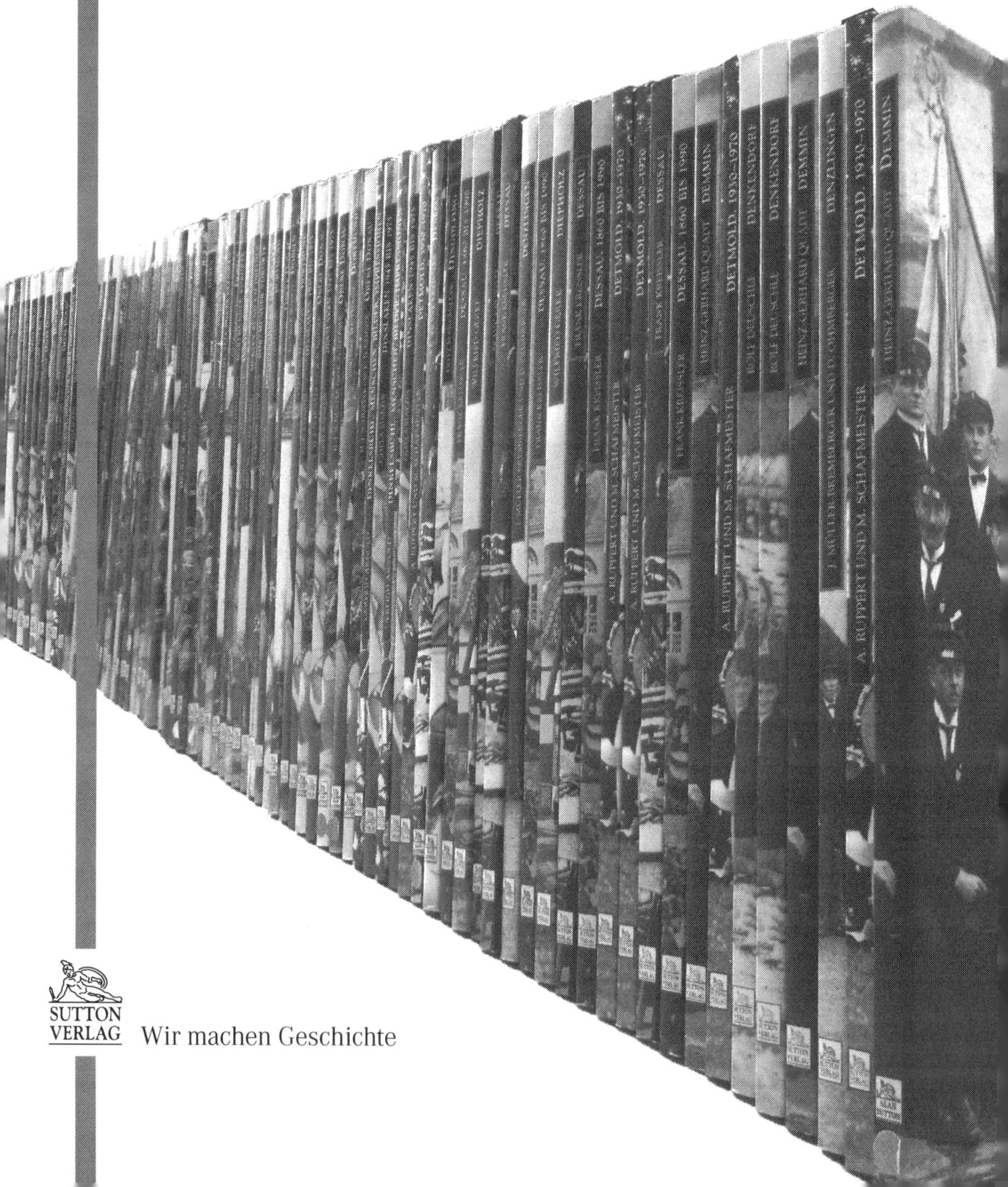

Die Heimat entdecken!

Von Kiel bis Wien,
von Aachen bis Görlitz:
Entdecken Sie Alltagsgeschichten
aus Ihrer Heimatstadt!

Leben in der Großstadt ...

Tauchen Sie ein in das quirlige Großstadtleben vergangener Tage. Spazieren Sie über breite Boulevards und stürzen Sie sich ins Nachtleben. Erkunden Sie ihre Stadt durch die Fensterscheiben einer Straßenbahn oder des ersten Käfers und bewundern Sie prächtig geschmückte Schaufenster.

... und ländliche Idylle

Wie sah das Leben in Ihrer Heimat aus, als die Bauern noch mit Pferden pflügten und jedes Dorf seinen eigenen Schmied hatte, jeder noch jeden kannte und das Leben sich zwischen Kirche, Wirtshaus und Wohnküche abspielte?

Erinnerungen an die Schulzeit ...

Erinnern Sie sich noch an die Zeiten von Abakus und Schiefertafel, an Klassenausflüge oder den ersten Taschenrechner? Blicken Sie zurück auf große Klassen und gestrenge Schulmeister, entdecken Sie auf Klassenfotos Freunde und Bekannte von früher!

... und das Arbeitsleben

Entdecken Sie, wie sich das Arbeitsleben in den letzten hundert Jahren verändert hat. Werfen Sie einen Blick in Fabrikhallen, blicken Sie Handwerksmeistern bei ihrer Arbeit über die Schulter und erinnern Sie sich an den Einkauf im Tante-Emma-Laden.

Gesellige Stunden im Verein ...

Fußballclub und Schützenverein, Musikkapelle und Gesellenverein: Schauen Sie zurück auf Volksfeste und Turniere, Chorproben oder Prunksitzungen. Erinnern Sie sich an schöne Stunden und das gesellschaftliche Leben in Ihrer Heimat.

… und im Familienkreis

Werfen Sie einen Blick in die Wohnzimmer vergangener Tage und entdecken Sie, wie sich zwischen schweren Eichenmöbeln, Nierentischen und Ikea-Regalen der Alltag verändert hat. Erleben Sie Familienfeiern und Weihnachtsfeste im Wandel der Jahrzehnte mit.

Zeitfracht Medien GmbH
Ferdinand-Jühlke-Straße 7
99095 Erfurt, Deutschland
produktsicherheit@kolibri360.de

Druck:
CPI Druckdienstleistungen GmbH
im Auftrag der
Zeitfracht Medien GmbH
Ein Unternehmen der Zeitfracht - Gruppe
Ferdinand-Jühlke-Str. 7
99095 Erfurt